TRANZLATY

Language is for everyone

Язык для всех

The Call of the Wild

Зов предков

Jack London

English / Русский

Into the Primitive
В первобытный мир

Buck did not read the newspapers.

Бак не читал газет.

Had he read the newspapers he would have known trouble was brewing.

Если бы он читал газеты, он бы знал, что назревают неприятности.

There was trouble not alone for himself, but for every tidewater dog.

Беда была не только у него, но и у всех собак, живущих в приливной воде.

Every dog strong of muscle and with warm, long hair was going to be in trouble.

Каждая собака с сильной мускулатурой и теплой длинной шерстью могла попасть в беду.

From Puget Bay to San Diego no dog could escape what was coming.

От залива Пьюджет до Сан-Диего ни одна собака не могла избежать надвигающейся опасности.

Men, groping in the Arctic darkness, had found a yellow metal.

Люди, пробиравшиеся ощупью в арктической тьме, нашли желтый металл.

Steamship and transportation companies were chasing the discovery.

За открытием охотились пароходные и транспортные компании.

Thousands of men were rushing into the Northland.

Тысячи людей устремились в Северную страну.

These men wanted dogs, and the dogs they wanted were heavy dogs.

Этим людям нужны были собаки, и собаки, которых они хотели, были тяжелыми.

Dogs with strong muscles by which to toil.

Собаки с сильными мышцами, способные трудиться.

Dogs with furry coats to protect them from the frost.

Собаки с пушистой шерстью, защищающей их от мороза.

Buck lived at a big house in the sun-kissed Santa Clara Valley.

Бак жил в большом доме в залитой солнцем долине Санта-Клара.

Judge Miller's place, his house was called.

Местонахождение судьи Миллера, его дом назывался.

His house stood back from the road, half hidden among the trees.

Его дом стоял в стороне от дороги, наполовину скрытый среди деревьев.

One could get glimpses of the wide veranda running around the house.

Можно было увидеть широкую веранду, идущую вокруг дома.

The house was approached by graveled driveways.

К дому вели подъездные пути, посыпанные гравием.

The paths wound about through wide-spreading lawns.

Дорожки вились среди широких газонов.

Overhead were the interlacing boughs of tall poplars.

Над головой переплетались ветви высоких тополей.

At the rear of the house things were on even more spacious.

В задней части дома дела обстояли еще просторнее.

There were great stables, where a dozen grooms were chatting

Там были большие конюшни, где болтали дюжина конюхов.

There were rows of vine-clad servants' cottages

Там были ряды домиков слуг, увитых виноградной лозой.

And there was an endless and orderly array of outhouses

И там был бесконечный и упорядоченный ряд туалетов.

Long grape arbors, green pastures, orchards, and berry patches.

Длинные виноградные беседки, зеленые пастбища, фруктовые сады и ягодные грядки.

Then there was the pumping plant for the artesian well.

Затем была насосная станция для артезианской скважины.

And there was the big cement tank filled with water.

А еще там был большой цементный бак, наполненный водой.

Here Judge Miller's boys took their morning plunge.

Здесь сыновья судьи Миллера совершили утреннее погружение.

And they cooled down there in the hot afternoon too.

И они там же охлаждались в жаркий полдень.

And over this great domain, Buck was the one who ruled all of it.

И всем этим огромным владением правил Бак.

Buck was born on this land and lived here all his four years.

Бак родился на этой земле и прожил здесь все четыре года своей жизни.

There were indeed other dogs, but they did not truly matter.

Конечно, были и другие собаки, но они не имели особого значения.

Other dogs were expected in a place as vast as this one.

В таком большом месте, как это, ожидалось присутствие и других собак.

These dogs came and went, or lived inside the busy kennels.

Эти собаки приходили и уходили или жили в оживленных питомниках.

Some dogs lived hidden in the house, like Toots and Ysabel did.

Некоторые собаки жили в доме, прячась, как, например, Тутс и Изабель.

Toots was a Japanese pug, Ysabel a Mexican hairless dog.

Тутс был японским мопсом, Изабель — мексиканской голой собакой.

These strange creatures rarely stepped outside the house.

Эти странные существа редко выходили из дома.

They did not touch the ground, nor sniff the open air outside.

Они не касались земли и не нюхали воздух снаружи.

There were also the fox terriers, at least twenty in number.
Были еще фокстерьеры, числом не менее двадцати.
These terriers barked fiercely at Toots and Ysabel indoors.
Эти терьеры яростно лаяли на Тутса и Изабель в
помещении.
Toots and Ysabel stayed behind windows, safe from harm.
Тутс и Изабель спрятались за окнами, в безопасности.
They were guarded by housemaids with brooms and mops.
Их охраняли горничные с метлами и швабрами.
**But Buck was no house-dog, and he was no kennel-dog
either.**
Но Бак не был домашней собакой, но и не был собакой,
живущей в вольере.
The entire property belonged to Buck as his rightful realm.
Вся собственность принадлежала Бак по праву.
**Buck swam in the tank or went hunting with the Judge's
sons.**
Бэк плавал в резервуаре или ходил на охоту с сыновьями
судьи.
He walked with Mollie and Alice in the early or late hours.
Он гулял с Молли и Элис рано утром или поздно вечером.
On cold nights he lay before the library fire with the Judge.
Холодными ночами он лежал у камина в библиотеке
вместе с судьей.
Buck gave rides to the Judge's grandsons on his strong back.
Бак катал внуков судьи на своей сильной спине.
He rolled in the grass with the boys, guarding them closely.
Он катался по траве вместе с мальчиками, внимательно
следя за ними.
They ventured to the fountain and even past the berry fields.
Они дошли до фонтана и даже прошли мимо ягодных
полей.
**Among the fox terriers, Buck walked with royal pride
always.**
Среди фокстерьеров Бак всегда ходил с королевской
гордостью.

He ignored Toots and Ysabel, treating them like they were air.

Он игнорировал Тутса и Изабель, обращаясь с ними так, словно они были воздухом.

Buck ruled over all living creatures on Judge Miller's land.

Бэк правил всеми живыми существами на земле судьи Миллера.

He ruled over animals, insects, birds, and even humans.

Он правил животными, насекомыми, птицами и даже людьми.

Buck's father Elmo had been a huge and loyal St. Bernard.

Отец Бака, Элмо, был огромным и преданным сенбернаром.

Elmo never left the Judge's side, and served him faithfully.

Элмо никогда не покидал судью и служил ему верой и правдой.

Buck seemed ready to follow his father's noble example.

Бак, казалось, был готов последовать благородному примеру своего отца.

Buck was not quite as large, weighing one hundred and forty pounds.

Бак был не таким уж большим, весил сто сорок фунтов.

His mother, Shep, had been a fine Scotch shepherd dog.

Его мать, Шеп, была прекрасной шотландской овчаркой.

But even at that weight, Buck walked with regal presence.

Но даже при таком весе Бак шел с королевской осанкой.

This came from good food and the respect he always received.

Это было достигнуто благодаря хорошей еде и уважению, которое он всегда получал.

For four years, Buck had lived like a spoiled nobleman.

Четыре года Бак жил как избалованный дворянин.

He was proud of himself, and even slightly egotistical.

Он был горд собой и даже немного эгоистичен.

That kind of pride was common in remote country lords.

Подобная гордость была обычным явлением среди лордов отдаленных деревень.

But Buck saved himself from becoming pampered house-dog.

Но Бак спас себя от превращения в избалованную домашнюю собаку.

He stayed lean and strong through hunting and exercise.

Он оставался стройным и сильным благодаря охоте и физическим упражнениям.

He loved water deeply, like people who bathe in cold lakes.

Он очень любил воду, как люди, купающиеся в холодных озерах.

This love for water kept Buck strong, and very healthy.

Эта любовь к воде помогла Бак оставаться сильным и очень здоровым.

This was the dog Buck had become in the fall of 1897.

Именно такой собакой стал Бак осенью 1897 года.

When the Klondike strike pulled men to the frozen North.

Когда забастовка на Клондайке затянула людей на холодный Север.

People rushed from all over the world into the cold land.

Люди со всего мира устремились в эти холодные края.

Buck, however, did not read the papers, nor understand news.

Однако Бак не читал газет и не понимал новостей.

He did not know Manuel was a bad man to be around.

Он не знал, что Мануэль был плохим человеком.

Manuel, who helped in the garden, had a deep problem.

У Мануэля, помогавшего в саду, была серьезная проблема.

Manuel was addicted to gambling in the Chinese lottery.

Мануэль пристрастился к азартным играм в китайской лотерее.

He also believed strongly in a fixed system for winning.

Он также твердо верил в фиксированную систему победы.

That belief made his failure certain and unavoidable.

Эта вера сделала его неудачу неизбежной и неизбежной.

Playing a system demands money, which Manuel lacked.

Игра по системе требует денег, которых у Мануэля не было.

His pay barely supported his wife and many children.
Его зарплаты едва хватало на содержание жены и
многочисленных детей.

On the night Manuel betrayed Buck, things were normal.
В ту ночь, когда Мануэль предал Бака, все было
нормально.

The Judge was at a Raisin Growers' Association meeting.
Судья находился на собрании Ассоциации
производителей изюма.

The Judge's sons were busy forming an athletic club then.
Сыновья судьи в то время были заняты созданием
спортивного клуба.

No one saw Manuel and Buck leaving through the orchard.
Никто не видел, как Мануэль и Бак уходили через сад.

Buck thought this walk was just a simple nighttime stroll.
Бак думал, что эта прогулка — просто ночная прогулка.

They met only one man at the flag station, in College Park.
На флагманской станции в Колледж-Парке они встретили
только одного мужчину.

That man spoke to Manuel, and they exchanged money.
Этот человек поговорил с Мануэлем, и они обменялись
деньгами.

"Wrap up the goods before you deliver them," he suggested.
«Упакуйте товар перед доставкой», — посоветовал он.

The man's voice was rough and impatient as he spoke.
Голос мужчины был грубым и нетерпеливым.

Manuel carefully tied a thick rope around Buck's neck.
Мануэль осторожно обвязал шею Бака толстой веревкой.

"Twist the rope, and you'll choke him plenty"
«Скрути веревку, и ты его сильно задушишь»

The stranger gave a grunt, showing he understood well.
Незнакомец хмыкнул, показывая, что он все понял.

Buck accepted the rope with calm and quiet dignity that day.
В тот день Бак принял верёвку со спокойным и тихим
достоинством.

It was an unusual act, but Buck trusted the men he knew.

Это был необычный поступок, но Бак доверял людям, которых знал.

He believed their wisdom went far beyond his own thinking.

Он считал, что их мудрость намного превосходит его собственные мысли.

But then the rope was handed to the hands of the stranger.

Но затем веревка попала в руки незнакомца.

Buck gave a low growl that warned with quiet menace.

Бак издал низкий рык, в котором звучала тихая угроза.

He was proud and commanding, and meant to show his displeasure.

Он был горд и властен и хотел выразить свое недовольство.

Buck believed his warning would be understood as an order.

Бак считал, что его предупреждение будет воспринято как приказ.

To his shock, the rope tightened fast around his thick neck.

К его удивлению, веревка быстро затянулась вокруг его толстой шеи.

His air was cut off and he began to fight in a sudden rage.

Ему перекрыли доступ воздуха, и он начал драться в припадке внезапной ярости.

He sprang at the man, who quickly met Buck in mid-air.

Он прыгнул на человека, который тут же столкнулся с Баком в воздухе.

The man grabbed Buck's throat and skillfully twisted him in the air.

Мужчина схватил Бака за горло и ловко повернул его в воздухе.

Buck was thrown down hard, landing flat on his back.

Бака сильно швырнуло на землю, и он упал на спину.

The rope now choked him cruelly while he kicked wildly.

Веревка теперь жестоко душила его, пока он яростно брыкался.

His tongue fell out, his chest heaved, but gained no breath.

Язык его вывалился, грудь вздымалась, но дыхания не было.

He had never been treated with such violence in his life.
Никогда в жизни с ним не обращались с таким насилием.
He had also never been filled with such deep fury before.
Никогда еще он не испытывал такой глубокой ярости.
But Buck's power faded, and his eyes turned glassy.
Но сила Бака угасла, а его глаза остекленели.
He passed out just as a train was flagged down nearby.
Он потерял сознание как раз в тот момент, когда неподалеку остановился поезд.
Then the two men tossed him into the baggage car quickly.
Затем двое мужчин быстро закинули его в багажный вагон.
The next thing Buck felt was pain in his swollen tongue.
Следующее, что почувствовал Бак, была боль в распухшем языке.
He was moving in a shaking cart, only dimly conscious.
Он двигался в трясущейся повозке, находясь лишь в смутном сознании.
The sharp scream of a train whistle told Buck his location.
Резкий свисток поезда подсказал Бак его местонахождение.
He had often ridden with the Judge and knew the feeling.
Он часто ездил с судьей и знал это чувство.
It was the unique jolt of traveling in a baggage car again.
Это было уникальное ощущение — снова ехать в багажном вагоне.
Buck opened his eyes, and his gaze burned with rage.
Бак открыл глаза, и взгляд его горел яростью.
This was the anger of a proud king taken from his throne.
Это был гнев гордого царя, свергнутого с трона.
A man reached to grab him, but Buck struck first instead.
Какой-то мужчина потянулся, чтобы схватить его, но Бак вместо этого нанес удар первым.
He sank his teeth into the man's hand and held tightly.
Он впился зубами в руку мужчины и крепко сжал ее.
He did not let go until he blacked out a second time.

Он не отпускал меня, пока не потерял сознание во второй раз.

"Yep, has fits," the man muttered to the baggageman.

«Да, у него припадки», — пробормотал мужчина носильщику багажа.

The baggageman had heard the struggle and come near.

Носильщик багажа услышал шум борьбы и подошел ближе.

"I'm taking him to 'Frisco for the boss," the man explained.

«Я везу его во Фриско к боссу», — объяснил мужчина.

"There's a fine dog-doctor there who says he can cure them."

«Там есть замечательный собачий доктор, который говорит, что может их вылечить».

Later that night the man gave his own full account.

Позже тем же вечером мужчина дал свой полный отчет.

He spoke from a shed behind a saloon on the docks.

Он говорил из сарая за салуном в доках.

"All I was given was fifty dollars," he complained to the saloon man.

«Мне дали всего пятьдесят долларов», — пожаловался он хозяину салуна.

"I wouldn't do it again, not even for a thousand in cold cash."

«Я бы не сделал этого снова, даже за тысячу наличными».

His right hand was tightly wrapped in a bloody cloth.

Его правая рука была туго обмотана окровавленной тканью.

His trouser leg was torn wide open from knee to foot.

Его штанина была разорвана от колена до ступни.

"How much did the other mug get paid?" asked the saloon man.

«Сколько же заплатили тому, другому парню?» — спросил хозяин салуна.

"A hundred," the man replied, "he wouldn't take a cent less."

«Сто», — ответил мужчина, — «он не возьмет ни цента меньше».

"That comes to a hundred and fifty," the saloon man said.

«Итого получается сто пятьдесят», — сказал хозяин салуна.

"And he's worth it all, or I'm no better than a blockhead."

«И он стоит всего этого, иначе я не лучше болвана».

The man opened the wrappings to examine his hand.

Мужчина развернул обертку, чтобы осмотреть свою руку.

The hand was badly torn and crusted in dried blood.

Рука была сильно порвана и покрыта коркой засохшей крови.

"If I don't get the hydrophobia..." he began to say.

«Если я не заболею водобоязнью…», — начал он.

"It'll be because you were born to hang," came a laugh.

«Это потому, что ты рожден, чтобы быть повешенным», — раздался смех.

"Come help me out before you get going," he was asked.

«Помоги мне, прежде чем ты уйдешь», — попросили его.

Buck was in a daze from the pain in his tongue and throat.

Бак был в оцепенении от боли в языке и горле.

He was half-strangled, and could barely stand upright.

Он был полузадушен и едва мог стоять на ногах.

Still, Buck tried to face the men who had hurt him so.

И все же Бак попытался встретиться с людьми, которые причинили ему столько боли.

But they threw him down and choked him once again.

Но они бросили его на землю и снова стали душить.

Only then could they saw off his heavy brass collar.

Только после этого они смогли снять с него тяжелый латунный ошейник.

They removed the rope and shoved him into a crate.

Они сняли веревку и затолкали его в ящик.

The crate was small and shaped like a rough iron cage.

Ящик был небольшим и по форме напоминал грубую железную клетку.

Buck lay there all night, filled with wrath and wounded pride.

Бак пролежал там всю ночь, полный гнева и уязвленной гордости.

He could not begin to understand what was happening to him.

Он не мог понять, что с ним происходит.

Why were these strange men keeping him in this small crate?

Почему эти странные люди держали его в этом маленьком ящике?

What did they want with him, and why this cruel captivity?

Что они хотели от него и почему он оказался в таком жестоком плену?

He felt a dark pressure; a sense of disaster drawing closer.

Он чувствовал темное давление, предчувствие приближающейся катастрофы.

It was a vague fear, but it settled heavily on his spirit.

Это был смутный страх, но он глубоко засел в его душе.

Several times he jumped up when the shed door rattled.

Несколько раз он вскакивал, когда грохотала дверь сарая.

He expected the Judge or the boys to appear and rescue him.

Он ожидал, что судья или мальчики появятся и спасут его.

But only the saloon-keeper's fat face peeked inside each time.

Но каждый раз внутрь заглядывало только толстое лицо хозяина питейного заведения.

The man's face was lit by the dim glow of a tallow candle.

Лицо мужчины освещал тусклый свет сальной свечи.

Each time, Buck's joyful bark changed to a low, angry growl.

Каждый раз радостный лай Бака сменялся тихим, сердитым рычанием.

The saloon-keeper left him alone for the night in the crate

Хозяин салуна оставил его одного на ночь в ящике.

But when he awoke in the morning more men were coming.

Но когда он проснулся утром, людей стало еще больше.

Four men came and gingerly picked up the crate without a word.

Подошли четверо мужчин и осторожно подняли ящик, не сказав ни слова.

Buck knew at once the situation he found himself in.
Бак сразу понял, в какой ситуации он оказался.
They were further tormentors that he had to fight and fear.
Они были новыми мучителями, с которыми ему приходилось бороться и которых он боялся.
These men looked wicked, ragged, and very badly groomed.
Эти люди выглядели злыми, оборванными и очень неухоженными.
Buck snarled and lunged at them fiercely through the bars.
Бак зарычал и яростно бросился на них через прутья решетки.
They just laughed and jabbed at him with long wooden sticks.
Они просто смеялись и тыкали в него длинными деревянными палками.
Buck bit at the sticks, then realized that was what they liked.
Бак откусил палочки, а потом понял, что им это нравится.
So he lay down quietly, sullen and burning with quiet rage.
Поэтому он тихо лег, угрюмый и горящий тихой яростью.
They lifted the crate into a wagon and drove away with him.
Они погрузили ящик в повозку и увезли его.
The crate, with Buck locked inside, changed hands often.
Ящик, в котором был заперт Бак, часто переходил из рук в руки.
Express office clerks took charge and handled him briefly.
Сотрудники офиса экспресс-доставки взяли его под контроль и быстро с ним разобрались.
Then another wagon carried Buck across the noisy town.
Затем другая повозка провезла Бака через шумный город.
A truck took him with boxes and parcels onto a ferry boat.
Грузовик отвез его с коробками и посылками на паром.
After crossing, the truck unloaded him at a rail depot.
После переправы грузовик выгрузил его на железнодорожной станции.
At last, Buck was placed inside a waiting express car.
Наконец Бака поместили в ожидавший его экспресс-вагон.
For two days and nights, trains pulled the express car away.

Двое суток поезда тащили экспресс-вагон.

Buck neither ate nor drank during the whole painful journey.

Бак не ел и не пил во время всего мучительного путешествия.

When the express messengers tried to approach him, he growled.

Когда курьеры попытались приблизиться к нему, он зарычал.

They responded by mocking him and teasing him cruelly.

В ответ они стали издеваться и жестоко дразнить его.

Buck threw himself at the bars, foaming and shaking

Бак бросился на прутья, весь в пене и трясясь.

they laughed loudly, and taunted him like schoolyard bullies.

они громко смеялись и издевались над ним, как школьные хулиганы.

They barked like fake dogs and flapped their arms.

Они лаяли, как ненастоящие собаки, и хлопали руками.

They even crowed like roosters just to upset him more.

Они даже кричали как петухи, чтобы еще больше его расстроить.

It was foolish behavior, and Buck knew it was ridiculous.

Это было глупое поведение, и Бак знал, что оно нелепо.

But that only deepened his sense of outrage and shame.

Но это лишь усилило его чувство возмущения и стыда.

He was not bothered much by hunger during the trip.

Во время путешествия голод его не сильно беспокоил.

But thirst brought sharp pain and unbearable suffering.

Но жажда принесла острую боль и невыносимые страдания.

His dry, inflamed throat and tongue burned with heat.

Его сухое, воспаленное горло и язык горели от жара.

This pain fed the fever rising within his proud body.

Эта боль подпитывала жар, поднимавшийся в его гордом теле.

Buck was thankful for one single thing during this trial.

Бак был благодарен за одну единственную вещь во время этого судебного разбирательства.

The rope had been removed from around his thick neck.

Веревка была снята с его толстой шеи.

The rope had given those men an unfair and cruel advantage.

Веревка дала этим людям несправедливое и жестокое преимущество.

Now the rope was gone, and Buck swore it would never return.

Теперь веревка исчезла, и Бак поклялся, что она больше никогда не вернется.

He resolved no rope would ever go around his neck again.

Он решил, что больше никогда веревка не обмотается вокруг его шеи.

For two long days and nights, he suffered without food.

Два долгих дня и две ночи он страдал без еды.

And in those hours, he built up an enormous rage inside.

И за эти часы внутри него накопилась огромная ярость.

His eyes turned bloodshot and wild from constant anger.

Его глаза налились кровью и стали дикими от постоянного гнева.

He was no longer Buck, but a demon with snapping jaws.

Это был уже не Бак, а демон с щелкающими челюстями.

Even the Judge would not have known this mad creature.

Даже судья не узнал бы это безумное существо.

The express messengers sighed in relief when they reached Seattle

Курьеры вздохнули с облегчением, когда добрались до Сиэтла.

Four men lifted the crate and brought it to a back yard.

Четверо мужчин подняли ящик и вынесли его на задний двор.

The yard was small, surrounded by high and solid walls.

Двор был небольшой, окруженный высокими и прочными стенами.

A big man stepped out in a sagging red sweater shirt.

Из дома вышел крупный мужчина в обвисшей красной рубашке-свитере.

He signed the delivery book with a thick and bold hand.

Он расписался в книге поставок толстым и смелым почерком.

Buck sensed at once that this man was his next tormentor.

Бак сразу почувствовал, что этот человек — его следующий мучитель.

He lunged violently at the bars, eyes red with fury.

Он яростно бросился на прутья, его глаза покраснели от ярости.

The man just smiled darkly and went to fetch a hatchet.

Мужчина лишь мрачно улыбнулся и пошел за топором.

He also brought a club in his thick and strong right hand.

В своей толстой и сильной правой руке он также держал дубинку.

"You going to take him out now?" the driver asked, concerned.

«Вы собираетесь его вывезти?» — обеспокоенно спросил водитель.

"Sure," said the man, jamming the hatchet into the crate as a lever.

«Конечно», — сказал мужчина, втыкая топор в ящик как рычаг.

The four men scattered instantly, jumping up onto the yard wall.

Четверо мужчин мгновенно разбежались и вскочили на стену двора.

From their safe spots above, they waited to watch the spectacle.

Из своих безопасных мест наверху они ждали, чтобы понаблюдать за зрелищем.

Buck lunged at the splintered wood, biting and shaking fiercely.

Бэк бросился на расколотое дерево, яростно кусая его и тряся.

Each time the hatchet hit the cage), Buck was there to attack it.

Каждый раз, когда топор ударялся о клетку, Бак был рядом и нападал на него.

He growled and snapped with wild rage, eager to be set free.

Он рычал и кричал от дикой ярости, жаждая освобождения.

The man outside was calm and steady, intent on his task.

Человек снаружи был спокоен и уравновешен, сосредоточенный на своей задаче.

"Right then, you red-eyed devil," he said when the hole was large.

«Ну ладно, черт с красными глазами», — сказал он, когда дыра стала большой.

He dropped the hatchet and took the club in his right hand.

Он бросил топор и взял дубинку в правую руку.

Buck truly looked like a devil; eyes bloodshot and blazing.

Бак действительно был похож на дьявола: глаза налились кровью и сверкали.

His coat bristled, foam frothed at his mouth, eyes glinting.

Его шерсть встала дыбом, изо рта шла пена, глаза блестели.

He bunched his muscles and sprang straight at the red sweater.

Он напряг мышцы и прыгнул прямо на красный свитер.

One hundred and forty pounds of fury flew at the calm man.

Сто сорок фунтов ярости обрушились на спокойного человека.

Just before his jaws clamped shut, a terrible blow struck him.

Прежде чем его челюсти сомкнулись, его поразил страшный удар.

His teeth snapped together on nothing but air

Его зубы щелкали, не слыша ничего, кроме воздуха.

a jolt of pain reverberated through his body

боль пронзила его тело

He flipped midair and crashed down on his back and side.

Он перевернулся в воздухе и рухнул на спину и бок.

He had never before felt a club's blow and could not grasp it.

Он никогда раньше не чувствовал удара дубинки и не мог его удержать.

With a shrieking snarl, part bark, part scream, he leaped again.

С пронзительным рычанием, наполовину лаем, наполовину воплем, он снова прыгнул.

Another brutal strike hit him and hurled him to the ground.

Еще один жестокий удар поразил его и швырнул на землю.

This time Buck understood—it was the man's heavy club.

На этот раз Бак понял — это была тяжелая дубинка мужчины.

But rage blinded him, and he had no thought of retreat.

Но ярость ослепила его, и он не думал отступать.

Twelve times he launched himself, and twelve times he fell.

Двенадцать раз он подпрыгивал и двенадцать раз падал.

The wooden club smashed him each time with ruthless, crushing force.

Деревянная дубинка каждый раз наносила ему удары с беспощадной, сокрушительной силой.

After one fierce blow, he staggered to his feet, dazed and slow.

После одного сильного удара он медленно и шатко поднялся на ноги.

Blood ran from his mouth, his nose, and even his ears.

Кровь текла у него изо рта, носа и даже ушей.

His once-beautiful coat was smeared with bloody foam.

Его некогда красивая шерсть была заляпана кровавой пеной.

Then the man stepped up and struck a wicked blow to the nose.

Затем мужчина подошел и нанес сильный удар по носу.

The agony was sharper than anything Buck had ever felt.

Мучения были сильнее, чем когда-либо испытывал Бак.

With a roar more beast than dog, he leaped again to attack.
С рыком, больше похожим на зверя, чем на собаку, он снова прыгнул, чтобы атаковать.

But the man caught his lower jaw and twisted it backward.
Но мужчина схватил его за нижнюю челюсть и вывернул ее назад.

Buck flipped head over heels, crashing down hard again.
Бак перевернулся и снова сильно рухнул.

One final time, Buck charged at him, now barely able to stand.
Бак бросился на него в последний раз, теперь едва держась на ногах.

The man struck with expert timing, delivering the final blow.
Мужчина нанес последний удар, рассчитав момент.

Buck collapsed in a heap, unconscious and unmoving.
Бак рухнул на землю, потеряв сознание и не двигаясь.

"He's no slouch at dog-breaking, that's what I say," a man yelled.
«Он не промах в дрессировке собак, вот что я скажу», — крикнул мужчина.

"Druther can break the will of a hound any day of the week."
«Друтер может сломить волю гончей в любой день недели».

"And twice on a Sunday!" added the driver.
«И дважды в воскресенье!» — добавил водитель.

He climbed into the wagon and cracked the reins to leave.
Он забрался в повозку и щелкнул вожжами, чтобы уехать.

Buck slowly regained control of his consciousness
Бак медленно восстановил контроль над своим сознанием.

but his body was still too weak and broken to move.
но его тело было все еще слишком слабым и сломанным, чтобы двигаться.

He lay where he had fallen, watching the red-sweatered man.

Он лежал там, где упал, и смотрел на человека в красном свитере.

"He answers to the name of Buck," the man said, reading aloud.

«Он откликается на имя Бак», — сказал мужчина, читая вслух.

He quoted from the note sent with Buck's crate and details.

Он процитировал записку, отправленную вместе с ящиком Бака, и подробности.

"Well, Buck, my boy," the man continued with a friendly tone,

«Ну, Бак, мой мальчик», — продолжил мужчина дружелюбным тоном,

"we've had our little fight, and now it's over between us."

«Мы немного повздорили, и теперь между нами все кончено».

"You've learned your place, and I've learned mine," he added.

«Ты узнал свое место, а я узнал свое», — добавил он.

"Be good, and all will go well, and life will be pleasant."

«Будьте добры, и все будет хорошо, и жизнь будет приятной».

"But be bad, and I'll beat the stuffing out of you, understand?"

«Но будешь плохо себя вести, и я из тебя выбью всю дурь, понял?»

As he spoke, he reached out and patted Buck's sore head.

Говоря это, он протянул руку и погладил Бака по больной голове.

Buck's hair rose at the man's touch, but he didn't resist.

Волосы Бака встали дыбом от прикосновения мужчины, но он не сопротивлялся.

The man brought him water, which Buck drank in great gulps.

Мужчина принес ему воды, которую Бак выпил большими глотками.

Then came raw meat, which Buck devoured chunk by chunk.

Затем пришло сырое мясо, которое Бак поглощал кусок за куском.

He knew he was beaten, but he also knew he wasn't broken.

Он знал, что его побили, но он также знал, что он не сломлен.

He had no chance against a man armed with a club.

У него не было шансов против человека, вооруженного дубинкой.

He had learned the truth, and he never forgot that lesson.

Он усвоил истину и никогда не забывал этот урок.

That weapon was the beginning of law in Buck's new world.

Это оружие стало началом закона в новом мире Бака.

It was the start of a harsh, primitive order he could not deny.

Это было начало сурового, примитивного порядка, который он не мог отрицать.

He accepted the truth; his wild instincts were now awake.

Он принял правду; теперь его дикие инстинкты пробудились.

The world had grown harsher, but Buck faced it bravely.

Мир стал суровее, но Бак мужественно встретил это.

He met life with new caution, cunning, and quiet strength.

Он встретил жизнь с новой осторожностью, хитростью и тихой силой.

More dogs arrived, tied in ropes or crates like Buck had been.

Прибыли новые собаки, привязанные веревками или в клетках, как и Бак.

Some dogs came calmly, others raged and fought like wild beasts.

Некоторые собаки шли спокойно, другие бушевали и дрались, как дикие звери.

All of them were brought under the rule of the red-sweatered man.

Все они попали под власть человека в красном свитере.

Each time, Buck watched and saw the same lesson unfold.

Каждый раз Бак наблюдал и видел, как разворачивается один и тот же урок.

The man with the club was law; a master to be obeyed.

Человек с дубинкой был законом, хозяином, которому следовало подчиняться.

He did not need to be liked, but he had to be obeyed.

Ему не нужно было, чтобы его любили, но ему нужно было подчиняться.

Buck never fawned or wagged like the weaker dogs did.

Бэк никогда не лебезил и не вилял хвостом, как более слабые собаки.

He saw dogs that were beaten and still licked the man's hand.

Он видел собак, которых избивали, но они продолжали лизать руку мужчины.

He saw one dog who would not obey or submit at all.

Он увидел одну собаку, которая вообще не слушалась и не подчинялась.

That dog fought until he was killed in the battle for control.

Этот пёс сражался до тех пор, пока не был убит в битве за контроль.

Strangers would sometimes come to see the red-sweatered man.

Иногда к человеку в красном свитере приходили незнакомцы.

They spoke in strange tones, pleading, bargaining, and laughing.

Они говорили странными голосами, умоляя, торгуясь и смеясь.

When money was exchanged, they left with one or more dogs.

После обмена денег они уходили с одной или несколькими собаками.

Buck wondered where these dogs went, for none ever returned.

Бак задавался вопросом, куда делись эти собаки, ведь ни одна из них не вернулась.

fear of the unknown filled Buck every time a strange man came

Страх перед неизвестностью наполнял Бака каждый раз, когда приходил незнакомый человек.

he was glad each time another dog was taken, rather than himself.

он был рад каждый раз, когда забирали другую собаку, а не его самого.

But finally, Buck's turn came with the arrival of a strange man.

Но наконец настала очередь Бака с появлением странного человека.

He was small, wiry, and spoke in broken English and curses.

Он был невысокого роста, жилистый, говорил на ломаном английском и ругался.

"Sacredam!" he yelled when he laid eyes on Buck's frame.

«Святое святых!» — закричал он, увидев тело Бака.

"That's one damn bully dog! Eh? How much?" he asked aloud.

«Вот это чертовски хулиганская собака! А? Сколько?» — спросил он вслух.

"Three hundred, and he's a present at that price,"

«Триста, и за такую цену он просто подарок»,

"Since it's government money, you shouldn't complain, Perrault."

«Поскольку это государственные деньги, ты не должен жаловаться, Перро».

Perrault grinned at the deal he had just made with the man.

Перро ухмыльнулся, увидев сделку, которую он только что заключил с этим человеком.

The price of dogs had soared due to the sudden demand.

Цены на собак резко выросли из-за внезапного спроса.

Three hundred dollars wasn't unfair for such a fine beast.

Триста долларов — это не так уж и несправедливо за такое прекрасное животное.

The Canadian Government would not lose anything in the deal

Канадское правительство ничего не потеряет в этой сделке.

Nor would their official dispatches be delayed in transit.

Их официальные донесения также не будут задерживаться в пути.

Perrault knew dogs well, and could see Buck was something rare.

Перро хорошо знал собак и понимал, что Бак — нечто необычное.

"One in ten ten-thousand," he thought, as he studied Buck's build.

«Один из десяти десятков тысяч», — подумал он, изучая телосложение Бака.

Buck saw the money change hands, but showed no surprise.

Бак видел, как деньги перешли из рук в руки, но не выказал никакого удивления.

Soon he and Curly, a gentle Newfoundland, were led away.

Вскоре его и Керли, доброго ньюфаундленда, увели.

They followed the little man from the red sweater's yard.

Они последовали за маленьким человечком от двора, где стоял красный свитер.

That was the last Buck ever saw of the man with the wooden club.

Это был последний раз, когда Бак видел человека с деревянной дубинкой.

From the Narwhal's deck he watched Seattle fade into the distance.

С палубы «Нарвала» он наблюдал, как Сиэтл исчезает вдали.

It was also the last time he ever saw the warm Southland.

Это был также последний раз, когда он видел теплый Юг.

Perrault took them below deck, and left them with François.

Перро отвел их на нижнюю палубу и оставил с Франсуа.

François was a black-faced giant with rough, calloused hands.

Франсуа был чернолицым великаном с грубыми, мозолистыми руками.

He was dark and swarthy; a half-breed French-Canadian.

Он был смуглый и смуглый, полукровка франко-канадского происхождения.

To Buck, these men were of a kind he had never seen before.

Для Бака эти люди были людьми, которых он никогда раньше не видел.

He would come to know many such men in the days ahead.

В будущем ему предстоит познакомиться со многими такими людьми.

He did not grow fond of them, but he came to respect them.

Он не полюбил их, но стал уважать.

They were fair and wise, and not easily fooled by any dog.

Они были справедливы и мудры, и ни одна собака не могла их обмануть.

They judged dogs calmly, and punished only when deserved.

Они судили собак спокойно и наказывали только тогда, когда это было заслуженно.

In the Narwhal's lower deck, Buck and Curly met two dogs.

На нижней палубе «Нарвала» Бак и Кёрли встретили двух собак.

One was a large white dog from far-off, icy Spitzbergen.

Одним из них была большая белая собака с далекого ледяного Шпицбергена.

He'd once sailed with a whaler and joined a survey group.

Однажды он плавал на китобойном судне и присоединился к исследовательской группе.

He was friendly in a sly, underhanded and crafty fashion.

Он был дружелюбен, но хитрым, коварным и коварным.

At their first meal, he stole a piece of meat from Buck's pan.

Во время их первой трапезы он украл кусок мяса из сковороды Бака.

Buck jumped to punish him, but François's whip struck first.

Бэк прыгнул, чтобы наказать его, но хлыст Франсуа ударил первым.

The white thief yelped, and Buck reclaimed the stolen bone.

Белый вор взвизгнул, и Бак забрал украденную кость.

That fairness impressed Buck, and François earned his respect.

Такая справедливость произвела впечатление на Бэка, и Франсуа заслужил его уважение.

The other dog gave no greeting, and wanted none in return.

Другая собака не поздоровалась и не хотела ничего в ответ.

He didn't steal food, nor sniff at the new arrivals with interest.

Он не крал еду и не обнюхивал с интересом вновь прибывших.

This dog was grim and quiet, gloomy and slow-moving.

Эта собака была мрачной и молчаливой, угрюмой и медлительной.

He warned Curly to stay away by simply glaring at her.

Он предупредил Кёрли держаться подальше, просто пристально посмотрев на нее.

His message was clear; leave me alone or there'll be trouble.

Его послание было ясным: оставьте меня в покое, иначе будут проблемы.

He was called Dave, and he barely noticed his surroundings.

Его звали Дэйв, и он почти не замечал окружающего мира.

He slept often, ate quietly, and yawned now and again.

Он часто спал, тихо ел и время от времени зевал.

The ship hummed constantly with the beating propeller below.

Корабль непрерывно гудел из-за работающего внизу винта.

Days passed with little change, but the weather got colder.

Дни проходили без особых изменений, но погода становилась холоднее.

Buck could feel it in his bones, and noticed the others did too.

Бак чувствовал это всем своим существом и заметил, что остальные тоже.

Then one morning, the propeller stopped and all was still.

И вот однажды утром пропеллер остановился, и все стихло.

An energy swept through the ship; something had changed.

По кораблю пронеслась энергия; что-то изменилось.

François came down, clipped them on leashes, and brought them up.

Франсуа спустился вниз, пристегнул их поводками и поднял наверх.

Buck stepped out and found the ground soft, white, and cold.

Бак вышел и обнаружил, что земля мягкая, белая и холодная.

He jumped back in alarm and snorted in total confusion.

Он встревоженно отскочил назад и фыркнул в полном замешательстве.

Strange white stuff was falling from the gray sky.

С серого неба падала какая-то странная белая субстанция.

He shook himself, but the white flakes kept landing on him.

Он встряхнулся, но белые хлопья продолжали падать на него.

He sniffed the white stuff carefully and licked at a few icy bits.

Он осторожно понюхал белую субстанцию и лизнул несколько ледяных кусочков.

The powder burned like fire, then vanished right off his tongue.

Порошок обжегся, как огонь, а затем тут же исчез с его языка.

Buck tried again, puzzled by the odd vanishing coldness.

Бак попробовал еще раз, озадаченный странным исчезновением холода.

The men around him laughed, and Buck felt embarrassed.

Мужчины вокруг него рассмеялись, и Бак стало неловко.

He didn't know why, but he was ashamed of his reaction.

Он не знал почему, но ему было стыдно за свою реакцию.

It was his first experience with snow, and it confused him.

Это был его первый опыт со снегом, и он его смутил.

The Law of Club and Fang
Закон дубинки и клыка

Buck's first day on the Dyea beach felt like a terrible nightmare.
Первый день Бака на пляже Дайя показался ему ужасным кошмаром.
Each hour brought new shocks and unexpected changes for Buck.
Каждый час приносил Бак новые потрясения и неожиданные перемены.
He had been pulled from civilization and thrown into wild chaos.
Его вырвали из цивилизации и бросили в дикий хаос.
This was no sunny, lazy life with boredom and rest.
Это не была солнечная, ленивая жизнь со скукой и отдыхом.
There was no peace, no rest, and no moment without danger.
Не было ни мира, ни покоя, ни минуты без опасности.
Confusion ruled everything, and danger was always close.
Всем царила неразбериха, и опасность всегда была рядом.
Buck had to stay alert because these men and dogs were different.
Баку приходилось быть начеку, потому что эти люди и собаки были другими.
They were not from towns; they were wild and without mercy.
Они были не из городов; они были дикими и беспощадными.
These men and dogs only knew the law of club and fang.
Эти люди и собаки знали только закон дубинки и клыка.

Buck had never seen dogs fight like these savage huskies.

Бак никогда не видел, чтобы собаки дерутся так, как эти свирепые хаски.

His first experience taught him a lesson he would never forget.

Его первый опыт преподал ему урок, который он никогда не забудет.

He was lucky it was not him, or he would have died too.

Ему повезло, что это был не он, иначе он тоже погиб бы.

Curly was the one who suffered while Buck watched and learned.

Кёрли страдал, а Бак наблюдал и учился.

They had made camp near a store built from logs.

Они разбили лагерь возле склада, построенного из бревен.

Curly tried to be friendly to a large, wolf-like husky.

Кёрли пытался подружиться с большой, похожей на волка хаски.

The husky was smaller than Curly, but looked wild and mean.

Хаски был меньше Кёрли, но выглядел диким и злым.

Without warning, he jumped and slashed her face open.

Без предупреждения он подпрыгнул и рассек ей лицо.

His teeth cut from her eye down to her jaw in one move.

Одним движением его зубы пронзили ее от глаза до челюсти.

This was how wolves fought—hit fast and jump away.

Так сражаются волки — быстро бьют и отскакивают.

But there was more to learn than from that one attack.

Но из этого одного нападения можно было извлечь больше уроков.

Dozens of huskies rushed in and made a silent circle.

Десятки хаски прибежали и молча образовали круг.

They watched closely and licked their lips with hunger.

Они внимательно наблюдали и облизывались от голода.

Buck didn't understand their silence or their eager eyes.

Бак не понимал их молчания и их восторженных глаз.

Curly rushed to attack the husky a second time.

Кёрли бросился нападать на хаски во второй раз.

He used his chest to knock her over with a strong move.

Он использовал свою грудь, чтобы сбить ее с ног сильным ударом.

She fell on her side and could not get back up.

Она упала на бок и не смогла подняться.

That was what the others had been waiting for all along.

Именно этого все остальные ждали все это время.

The huskies jumped on her, yelping and snarling in a frenzy.

Хаски набросились на нее, визжа и рыча в ярости.

She screamed as they buried her under a pile of dogs.

Она кричала, когда ее похоронили под кучей собак.

The attack was so fast that Buck froze in place with shock.

Атака была настолько быстрой, что Бак застыл на месте от шока.

He saw Spitz stick out his tongue in a way that looked like a laugh.

Он увидел, как Шпиц высунул язык, словно пытаясь рассмеяться.

François grabbed an axe and ran straight into the group of dogs.

Франсуа схватил топор и побежал прямо в стаю собак.

Three other men used clubs to help beat the huskies away.

Еще трое мужчин использовали дубинки, чтобы отогнать хаски.

In just two minutes, the fight was over and the dogs were gone.

Всего через две минуты драка закончилась, и собаки исчезли.

Curly lay dead in the red, trampled snow, her body torn apart.

Кёрли лежала мертвая на красном, растоптанном снегу, ее тело было разорвано на части.

A dark-skinned man stood over her, cursing the brutal scene.

Над ней стоял темнокожий мужчина, проклиная жестокую сцену.

The memory stayed with Buck and haunted his dreams at night.

Воспоминания остались с Баком и преследовали его по ночам.

That was the way here; no fairness, no second chance.

Так было и здесь: никакой справедливости, никакого второго шанса.

Once a dog fell, the others would kill without mercy.

Как только собака падала, остальные убивали ее без пощады.

Buck decided then that he would never allow himself to fall.

Тогда Бак решил, что никогда не позволит себе упасть.

Spitz stuck out his tongue again and laughed at the blood.

Шпиц снова высунул язык и рассмеялся, глядя на кровь.

From that moment on, Buck hated Spitz with all his heart.

С этого момента Бак возненавидел Шпица всем сердцем.

Before Buck could recover from Curly's death, something new happened.

Прежде чем Бак успел оправиться от смерти Кёрли, произошло нечто новое.

François came over and strapped something around Buck's body.

Франсуа подошел и что-то обвязал вокруг тела Бака.

It was a harness like the ones used on horses at the ranch.

Это была упряжь, похожая на ту, что использовали на лошадях на ранчо.

As Buck had seen horses work, now he was made to work too.

Поскольку Бак видел, как работают лошади, теперь его тоже заставляли работать.

He had to pull François on a sled into the forest nearby.

Ему пришлось тащить Франсуа на санях в близлежащий лес.

Then he had to pull back a load of heavy firewood.

Затем ему пришлось тащить обратно тяжелую вязанку дров.

Buck was proud, so it hurt him to be treated like a work animal.

Бак был гордым, поэтому ему было больно, когда с ним обращались как с рабочим скотом.

But he was wise and didn't try to fight the new situation.

Но он поступил мудро и не стал бороться с новой ситуацией.

He accepted his new life and gave his best in every task.

Он принял новую жизнь и выкладывался по полной в каждой задаче.

Everything about the work was strange and unfamiliar to him.

Все в этой работе было для него странным и незнакомым.

François was strict and demanded obedience without delay.

Франсуа был строг и требовал безотлагательного повиновения.

His whip made sure that every command was followed at once.

Его кнут следил за тем, чтобы каждая команда выполнялась немедленно.

Dave was the wheeler, the dog nearest the sled behind Buck.

Дэйв был упряжным, собака сидела ближе всего к саням позади Бака.

Dave bit Buck on the back legs if he made a mistake.

Дэйв кусал Бака за задние ноги, если тот совершал ошибку.

Spitz was the lead dog, skilled and experienced in the role.

Шпиц был ведущей собакой, опытной и умелой в этой роли.

Spitz could not reach Buck easily, but still corrected him.

Шпицу было нелегко дотянуться до Бака, но он все равно поправил его.

He growled harshly or pulled the sled in ways that taught Buck.

Он резко рычал и тянул сани способами, которые научили Бэка.

Under this training, Buck learned faster than any of them expected.

Благодаря такому обучению Бак учился быстрее, чем кто-либо из них ожидал.

He worked hard and learned from both François and the other dogs.

Он много работал и учился у Франсуа и других собак.

By the time they returned, Buck already knew the key commands.

К тому времени, как они вернулись, Бак уже знал основные команды.

He learned to stop at the sound of "ho" from François.

Он научился останавливаться, услышав «хо» от Франсуа.

He learned when he had to pull the sled and run.

Он понял, когда нужно тянуть санки и бежать.

He learned to turn wide at bends in the trail without trouble.

Он научился без труда делать широкие повороты на поворотах тропы.

He also learned to avoid Dave when the sled went downhill fast.

Он также научился избегать Дэйва, когда сани быстро катились под гору.

"They're very good dogs," François proudly told Perrault.

«Они очень хорошие собаки», — с гордостью сказал Франсуа Перро.

"That Buck pulls like hell—I teach him quick as anything."

«Этот Бак тянет как черт — я учу его быстро, как никто другой».

Later that day, Perrault came back with two more husky dogs.

Позже в тот же день Перро вернулся еще с двумя хаски.

Their names were Billee and Joe, and they were brothers.

Их звали Билли и Джо, и они были братьями.

They came from the same mother, but were not alike at all.

Они произошли от одной матери, но были совсем не похожи.

Billee was sweet-natured and too friendly with everyone.

Билли был добродушным и слишком дружелюбным со всеми.

Joe was the opposite—quiet, angry, and always snarling.

Джо был полной противоположностью — тихий, злой и вечно рычащий.

Buck greeted them in a friendly way and was calm with both.

Бак поприветствовал их дружелюбно и был с ними спокоен.

Dave paid no attention to them and stayed silent as usual.

Дэйв не обратил на них внимания и, как обычно, молчал.

Spitz attacked first Billee, then Joe, to show his dominance.

Спиц атаковал сначала Билли, а затем Джо, чтобы показать свое превосходство.

Billee wagged his tail and tried to be friendly to Spitz.

Билли виляла хвостом и пыталась подружиться со Шпицем.

When that didn't work, he tried to run away instead.

Когда это не сработало, он попытался убежать.

He cried sadly when Spitz bit him hard on the side.

Он грустно плакал, когда Шпиц сильно укусил его в бок.

But Joe was very different and refused to be bullied.

Но Джо был совсем другим и не желал подвергаться издевательствам.

Every time Spitz came near, Joe spun to face him fast.

Каждый раз, когда Шпиц приближался, Джо быстро поворачивался к нему лицом.

His fur bristled, his lips curled, and his teeth snapped wildly.

Его шерсть встала дыбом, губы скривились, а зубы дико щелкнул.

Joe's eyes gleamed with fear and rage, daring Spitz to strike.

Глаза Джо блестели от страха и ярости, призывая Шпица нанести удар.

Spitz gave up the fight and turned away, humiliated and angry.

Шпиц сдался и отвернулся, униженный и разгневанный.

He took out his frustration on poor Billee and chased him away.

Он выместил свое раздражение на бедном Билли и прогнал его.

That evening, Perrault added one more dog to the team.

В тот же вечер Перро добавил к команде еще одну собаку.

This dog was old, lean, and covered in battle scars.

Эта собака была старой, худой и покрытой боевыми шрамами.

One of his eyes was missing, but the other flashed with power.

Один его глаз отсутствовал, но другой светился силой.

The new dog's name was Solleks, which meant the Angry One.

Новую собаку назвали Соллекс, что означало «Злой».

Like Dave, Solleks asked nothing from others, and gave nothing back.

Как и Дэйв, Соллекс ничего не просил у других и ничего не давал взамен.

When Solleks walked slowly into camp, even Spitz stayed away.

Когда Соллекс медленно вошел в лагерь, даже Шпиц остался в стороне.

He had a strange habit that Buck was unlucky to discover.

У него была странная привычка, которую Бак, к сожалению, удалось обнаружить.

Solleks hated being approached on the side where he was blind.

Соллекс ненавидел, когда к нему подходили с той стороны, где он был слеп.

Buck did not know this and made that mistake by accident.

Бак этого не знал и совершил эту ошибку случайно.

Solleks spun around and slashed Buck's shoulder deep and fast.

Соллекс развернулся и нанес быстрый и глубокий удар по плечу Бака.

From that moment on, Buck never came near Solleks' blind side.

С этого момента Бак больше не подходил к Соллексу слишком близко.

They never had trouble again for the rest of their time together.

За все оставшееся время, что они провели вместе, у них больше не возникало никаких проблем.

Solleks wanted only to be left alone, like quiet Dave.

Соллекс хотел только, чтобы его оставили в покое, как тихого Дэйва.

But Buck would later learn they each had another secret goal.

Но позже Бак узнал, что у каждого из них была еще одна тайная цель.

That night Buck faced a new and troubling challenge — how to sleep.

В ту ночь перед Бак встала новая и тревожная проблема — как уснуть.

The tent glowed warmly with candlelight in the snowy field.

Палатка ярко светилась от свечей на заснеженном поле.

Buck walked inside, thinking he could rest there like before.

Бак вошел внутрь, думая, что сможет отдохнуть там, как и прежде.

But Perrault and François yelled at him and threw pans.

Но Перро и Франсуа кричали на него и бросали кастрюли.

Shocked and confused, Buck ran out into the freezing cold.

Потрясенный и растерянный, Бак выбежал на леденящий холод.

A bitter wind stung his wounded shoulder and froze his paws.

Резкий ветер обжигал его раненое плечо и обмораживал лапы.

He lay down in the snow and tried to sleep out in the open.

Он лег в снег и попытался заснуть на открытом воздухе.

But the cold soon forced him to get back up, shaking badly.

Но холод вскоре заставил его снова встать, сильно дрожа.

He wandered through the camp, trying to find a warmer spot.

Он бродил по лагерю, пытаясь найти более теплое место.

But every corner was just as cold as the one before.

Но каждый угол был таким же холодным, как и предыдущий.

Sometimes savage dogs jumped at him from the darkness.

Иногда из темноты на него нападали дикие собаки.

Buck bristled his fur, bared his teeth, and snarled with warning.

Бэк встал дыбом, оскалил зубы и предостерегающе зарычал.

He was learning fast, and the other dogs backed off quickly.

Он быстро учился, и другие собаки быстро отступили.

Still, he had no place to sleep, and no idea what to do.

Но у него все равно не было места для сна, и он понятия не имел, что делать.

At last, a thought came to him — check on his team-mates.

Наконец ему в голову пришла мысль — проверить своих товарищей по команде.

He returned to their area and was surprised to find them gone.

Он вернулся в их район и с удивлением обнаружил, что они исчезли.

Again he searched the camp, but still could not find them.

Он снова обыскал лагерь, но так и не смог их найти.

He knew they could not be in the tent, or he would be too.

Он знал, что им нельзя находиться в палатке, иначе там окажется и он.

So where had all the dogs gone in this frozen camp?

Так куда же делись все собаки в этом замерзшем лагере?

Buck, cold and miserable, slowly circled around the tent.

Бак, замерзший и несчастный, медленно обошел палатку.

Suddenly, his front legs sank into soft snow and startled him.

Внезапно его передние ноги погрузились в мягкий снег, и он вздрогнул.

Something wriggled under his feet, and he jumped back in fear.

Что-то шевельнулось у него под ногами, и он в страхе отскочил назад.

He growled and snarled, not knowing what lay beneath the snow.

Он рычал и рычал, не зная, что находится под снегом.

Then he heard a friendly little bark that eased his fear.

Затем он услышал дружелюбный лай, который развеял его страх.

He sniffed the air and came closer to see what was hidden.

Он понюхал воздух и подошел поближе, чтобы разглядеть то, что спрятано.

Under the snow, curled into a warm ball, was little Billee.

Под снегом, свернувшись в теплый клубок, лежала маленькая Билли.

Billee wagged his tail and licked Buck's face to greet him.

Билли вилял хвостом и лизнул лицо Бэка в знак приветствия.

Buck saw how Billee had made a sleeping place in the snow.

Бак увидел, как Билли устроил себе спальное место в снегу.

He had dug down and used his own heat to stay warm.

Он выкопал яму и согрелся собственным теплом.

Buck had learned another lesson—this was how the dogs slept.

Бак усвоил еще один урок — именно так спят собаки.

He picked a spot and started digging his own hole in the snow.

Он выбрал место и начал копать себе яму в снегу.

At first, he moved around too much and wasted energy.

Поначалу он слишком много двигался и тратил энергию впустую.

But soon his body warmed the space, and he felt safe.

Но вскоре его тело согрело пространство, и он
почувствовал себя в безопасности.

He curled up tightly, and before long he was fast asleep.

Он крепко свернулся калачиком и вскоре крепко заснул.

The day had been long and hard, and Buck was exhausted.

День был долгим и трудным, и Бак был измотан.

**He slept deeply and comfortably, though his dreams were
wild.**

Он спал глубоко и спокойно, хотя его сны были дикими.

He growled and barked in his sleep, twisting as he dreamed.

Он рычал и лаял во сне, извиваясь во сне.

**Buck didn't wake up until the camp was already coming to
life.**

Бак проснулся только тогда, когда лагерь уже начал
оживать.

**At first, he didn't know where he was or what had
happened.**

Сначала он не понял, где находится и что случилось.

Snow had fallen overnight and completely buried his body.

Ночью выпал снег и полностью покрыл его тело.

The snow pressed in around him, tight on all sides.

Снег плотно облепил его со всех сторон.

Suddenly a wave of fear rushed through Buck's entire body.

Внезапно волна страха охватила все тело Бака.

It was the fear of being trapped, a fear from deep instincts.

Это был страх оказаться в ловушке, страх, идущий от
глубинных инстинктов.

Though he had never seen a trap, the fear lived inside him.

Хотя он никогда не видел ловушек, страх жил внутри него.

**He was a tame dog, but now his old wild instincts were
waking.**

Он был ручным псом, но теперь в нем пробудились старые
дикие инстинкты.

**Buck's muscles tensed, and his fur stood up all over his
back.**

Мышцы Бака напряглись, а шерсть на спине встала дыбом.

He snarled fiercely and sprang straight up through the snow.

Он яростно зарычал и прыгнул прямо сквозь снег.

Snow flew in every direction as he burst into the daylight.

Когда он вырвался на свет, снег разлетелся во все стороны.

Even before landing, Buck saw the camp spread out before him.

Еще до высадки Бак увидел раскинувшийся перед ним лагерь.

He remembered everything from the day before, all at once.

Он сразу вспомнил все, что произошло вчера.

He remembered strolling with Manuel and ending up in this place.

Он вспомнил, как прогуливался с Мануэлем и оказался в этом месте.

He remembered digging the hole and falling asleep in the cold.

Он вспомнил, как копал яму и уснул на холоде.

Now he was awake, and the wild world around him was clear.

Теперь он проснулся, и дикий мир вокруг него был ясен.

A shout from François hailed Buck's sudden appearance.

Франсуа криком приветствовал внезапное появление Бака.

"What did I say?" the dog-driver cried loudly to Perrault.

«Что я сказал?» — громко крикнул погонщик Перро.

"That Buck for sure learns quick as anything," François added.

«Этот Бак, безусловно, быстро учится», — добавил Франсуа.

Perrault nodded gravely, clearly pleased with the result.

Перро серьезно кивнул, явно довольный результатом.

As a courier for the Canadian Government, he carried dispatches.

Будучи курьером канадского правительства, он доставлял депеши.

He was eager to find the best dogs for his important mission.

Он стремился найти лучших собак для своей важной миссии.

He felt especially pleased now that Buck was part of the team.

Теперь он был особенно рад, что Бак стал частью команды.

Three more huskies were added to the team within an hour.

В течение часа к команде присоединились еще три хаски.

That brought the total number of dogs on the team to nine.

Таким образом, общее число собак в команде достигло девяти.

Within fifteen minutes all the dogs were in their harnesses.

Через пятнадцать минут все собаки были в шлейках.

The sled team was swinging up the trail toward Dyea Cañon.

Упряжка саней двигалась по тропе к каньону Дайя.

Buck felt glad to be leaving, even if the work ahead was hard.

Бак был рад уезжать, даже если работа предстояла трудная.

He found he did not particularly despise the labor or the cold.

Он обнаружил, что не испытывает особого отвращения ни к труду, ни к холоду.

He was surprised by the eagerness that filled the whole team.

Он был удивлен энтузиазмом, охватившим всю команду.

Even more surprising was the change that had come over Dave and Solleks.

Еще более удивительной была перемена, произошедшая с Дэйвом и Соллексом.

These two dogs were entirely different when they were harnessed.

Эти две собаки были совершенно разными, когда их запрягали.

Their passiveness and lack of concern had completely disappeared.

Их пассивность и безразличие полностью исчезли.

They were alert and active, and eager to do their work well.

Они были бдительны и активны и стремились хорошо
выполнять свою работу.

**They grew fiercely irritated at anything that caused delay or
confusion.**

Их сильно раздражало все, что вызывало задержку или
путаницу.

**The hard work on the reins was the center of their entire
being.**

Тяжелая работа с вожжами была смыслом всего их
существования.

Sled pulling seemed to be the only thing they truly enjoyed.

Похоже, единственным занятием, которое им по-
настоящему нравилось, было катание на санях.

Dave was at the back of the group, closest to the sled itself.

Дэйв шел в конце группы, ближе всего к саням.

**Buck was placed in front of Dave, and Solleks pulled ahead
of Buck.**

Бака поставили перед Дэйвом, а Соллекс вырвался вперед
Бака.

The rest of the dogs were strung out ahead in a single file.

Остальные собаки выстроились впереди в одну шеренгу.

The lead position at the front was filled by Spitz.

Лидирующую позицию впереди занял Шпиц.

**Buck had been placed between Dave and Solleks for
instruction.**

Бака поместили между Дэйвом и Соллексом для
обучения.

**He was a quick learner, and they were firm and capable
teachers.**

Он быстро учился, а учителя были строгими и
способными.

They never allowed Buck to remain in error for long.

Они никогда не позволяли Бак долго пребывать в
заблуждении.

They taught their lessons with sharp teeth when needed.

При необходимости они преподавали уроки, используя
острые зубы.

Dave was fair and showed a quiet, serious kind of wisdom.
Дэйв был справедлив и демонстрировал спокойную, серьезную мудрость.

He never bit Buck without a good reason to do so.
Он никогда не кусал Бэка без веской причины.

But he never failed to bite when Buck needed correction.
Но он никогда не упускал случая укусить Бак, когда тот нуждался в поправке.

François's whip was always ready and backed up their authority.
Кнут Франсуа всегда был наготове и подкреплял их авторитет.

Buck soon found it was better to obey than to fight back.
Бак вскоре понял, что лучше подчиниться, чем сопротивляться.

Once, during a short rest, Buck got tangled in the reins.
Однажды во время короткого отдыха Бак запутался в поводьях.

He delayed the start and confused the team's movement.
Он задержал старт и запутал движение команды.

Dave and Solleks flew at him and gave him a rough beating.
Дэйв и Соллекс набросились на него и жестоко избили.

The tangle only got worse, but Buck learned his lesson well.
Ситуация только ухудшилась, но Бак хорошо усвоил урок.

From then on, he kept the reins taut, and worked carefully.
С тех пор он держал вожжи натянутыми и работал осторожно.

Before the day ended, Buck had mastered much of his task.
До конца дня Бак справился со большей частью своей задачи.

His teammates almost stopped correcting or biting him.
Его товарищи по команде почти перестали поправлять или кусать его.

François's whip cracked through the air less and less often.
Кнут Франсуа все реже и реже рассекал воздух.

Perrault even lifted Buck's feet and carefully examined each paw.

Перро даже поднял ноги Бака и внимательно осмотрел каждую лапу.

It had been a hard day's run, long and exhausting for them all.

Это был тяжелый дневной забег, долгий и изнурительный для всех.

They travelled up the Cañon, through Sheep Camp, and past the Scales.

Они прошли вверх по Каньону, через Овечий лагерь и мимо Скейлса.

They crossed the timber line, then glaciers and snowdrifts many feet deep.

Они пересекли границу леса, затем ледники и сугробы глубиной во много футов.

They climbed the great cold and forbidding Chilkoot Divide.

Они поднялись на великий холодный и неприступный перевал Чилкут.

That high ridge stood between salt water and the frozen interior.

Этот высокий хребет находился между соленой водой и замерзшей внутренней частью.

The mountains guarded the sad and lonely North with ice and steep climbs.

Горы охраняли печальный и одинокий Север льдами и крутыми подъемами.

They made good time down a long chain of lakes below the divide.

Они успешно прошли по длинной цепи озер ниже водораздела.

Those lakes filled the ancient craters of extinct volcanoes.

Эти озера заполнили древние кратеры потухших вулканов.

Late that night, they reached a large camp at Lake Bennett.

Поздно ночью они достигли большого лагеря на озере Беннетт.

Thousands of gold seekers were there, building boats for spring.

Там были тысячи золотоискателей, которые строили лодки к весне.

The ice was going break up soon, and they had to be ready.

Лед скоро должен был тронуться, и им нужно было быть готовыми.

Buck dug his hole in the snow and fell into a deep sleep.

Бэк вырыл себе яму в снегу и крепко заснул.

He slept like a working man, exhausted from the harsh day of toil.

Он спал, как рабочий, изнуренный тяжелым трудовым днем.

But too early in the darkness, he was dragged from sleep.

Но слишком рано в темноте его вытащили из сна.

He was harnessed with his mates again and attached to the sled.

Его снова запрягли вместе с товарищами и прикрепили к саням.

That day they made forty miles, because the snow was well trodden.

В тот день они прошли сорок миль, так как снег был хорошо утоптан.

The next day, and for many days after, the snow was soft.

На следующий день и в течение многих последующих дней снег был мягким.

They had to make the path themselves, working harder and moving slower.

Им пришлось прокладывать путь самим, работая усерднее и двигаясь медленнее.

Usually, Perrault walked ahead of the team with webbed snowshoes.

Обычно Перро шел впереди команды в перепончатых снегоступах.

His steps packed the snow, making it easier for the sled to move.

Его шаги утрамбовали снег, и саням стало легче двигаться.

François, who steered from the gee-pole, sometimes took over.

Франсуа, управлявший рулем с помощью рулевой колонки, иногда брал управление на себя.

But it was rare that François took the lead

Но Франсуа редко брал на себя инициативу.

because Perrault was in a rush to deliver the letters and parcels.

потому что Перро торопился доставить письма и посылки.

Perrault was proud of his knowledge of snow, and especially ice.

Перро гордился своими знаниями о снеге и особенно о льде.

That knowledge was essential, because fall ice was dangerously thin.

Эти знания были необходимы, поскольку осенний лед был опасно тонким.

Where water flowed fast beneath the surface, there was no ice at all.

Там, где вода текла быстро под поверхностью, льда не было вообще.

Day after day, the same routine repeated without end.

День за днем одна и та же рутина повторялась без конца.

Buck toiled endlessly in the reins from dawn until night.

Бэк неустанно трудился вожжами с рассвета до ночи.

They left camp in the dark, long before the sun had risen.

Они покинули лагерь в темноте, задолго до восхода солнца.

By the time daylight came, many miles were already behind them.

К тому времени, как наступил рассвет, они уже прошли много миль.

They pitched camp after dark, eating fish and burrowing into snow.

Они разбили лагерь после наступления темноты, питались рыбой и зарывались в снег.

Buck was always hungry and never truly satisfied with his ration.

Бак всегда был голоден и никогда не был по-настоящему удовлетворен своим пайком.

He received a pound and a half of dried salmon each day.

Каждый день он получал полтора фунта сушеного лосося.

But the food seemed to vanish inside him, leaving hunger behind.

Но еда словно исчезла внутри него, оставив голод.

He suffered from constant pangs of hunger, and dreamed of more food.

Он страдал от постоянных мук голода и мечтал о большем количестве еды.

The other dogs got only one pound of food, but they stayed strong.

Остальные собаки получили всего один фунт еды, но они остались сильными.

They were smaller, and had been born into the northern life.

Они были меньше ростом и родились в северных условиях.

He swiftly lost the fastidiousness which had marked his old life.

Он быстро утратил привередливость, которая была свойственна его прежней жизни.

He had been a dainty eater, but now that was no longer possible.

Раньше он был привередливым едоком, но теперь это стало невозможно.

His mates finished first and robbed him of his unfinished ration.

Его товарищи закончили первыми и отобрали у него недоеденный паек.

Once they began there was no way to defend his food from them.

Как только они появились, защитить от них еду стало
невозможно.

**While he fought off two or three dogs, the others stole the
rest.**

Пока он отбивался от двух-трех собак, остальные украли
остальных.

To fix this, he began eating as fast as the others ate.

Чтобы исправить это, он начал есть так же быстро, как и
остальные.

**Hunger pushed him so hard that he even took food not his
own.**

Голод довел его до того, что он даже принял чужую пищу.

**He watched the others and learned quickly from their
actions.**

Он наблюдал за другими и быстро учился на их действиях.

He saw Pike, a new dog, steal a slice of bacon from Perrault.

Он увидел, как Пайк, новая собака, украла у Перро кусок
бекона.

**Pike had waited until Perrault's back was turned to steal the
bacon.**

Пайк дождался, пока Перро отвернется, чтобы украсть
бекон.

The next day, Buck copied Pike and stole the whole chunk.

На следующий день Бак скопировал Пайка и украл весь
кусок.

A great uproar followed, but Buck was not suspected.

Поднялся большой шум, но Бака никто не заподозрил.

**Dub, a clumsy dog who always got caught, was punished
instead.**

Вместо этого наказали Даба, неуклюжего пса, которого
всегда ловили.

**That first theft marked Buck as a dog fit to survive the
North.**

Эта первая кража показала, что Бак — собака, способная
выжить на Севере.

**He showed he could adapt to new conditions and learn
quickly.**

Он показал, что может адаптироваться к новым условиям и быстро учиться.

Without such adaptability, he would have died swiftly and badly.

Без такой способности к адаптации он бы быстро и мучительно умер.

It also marked the breakdown of his moral nature and past values.

Это также означало крах его моральных устоев и прошлых ценностей.

In the Southland, he had lived under the law of love and kindness.

На Юге он жил по законам любви и доброты.

There it made sense to respect property and other dogs' feelings.

В этом случае имело смысл уважать собственность и чувства других собак.

But the Northland followed the law of club and the law of fang.

Но Северяне следовали закону дубинки и закону клыка.

Whoever respected old values here was foolish and would fail.

Тот, кто здесь уважал старые ценности, был глупцом и потерпит неудачу.

Buck did not reason all this out in his mind.

Бак не обдумывал все это в уме.

He was fit, and so he adjusted without needing to think.

Он был в форме, поэтому приспособился, не задумываясь.

All his life, he had never run away from a fight.

За всю свою жизнь он ни разу не уклонился от драки.

But the wooden club of the man in the red sweater changed that rule.

Но деревянная дубинка человека в красном свитере изменила это правило.

Now he followed a deeper, older code written into his being.

Теперь он следовал более глубокому, древнему коду, заложенному в его существе.

He did not steal out of pleasure, but from the pain of hunger.

Он воровал не из удовольствия, а из-за муки голода.

He never robbed openly, but stole with cunning and care.

Он никогда не грабил открыто, но воровал хитро и осторожно.

He acted out of respect for the wooden club and fear of the fang.

Он действовал из уважения к деревянной дубинке и страха перед клыками.

In short, he did what was easier and safer than not doing it.

Короче говоря, он сделал то, что было проще и безопаснее, чем не сделать.

His development—or perhaps his return to old instincts—was fast.

Его развитие — или, может быть, возвращение к старым инстинктам — было быстрым.

His muscles hardened until they felt as strong as iron.

Его мышцы окрепли и стали крепче железа.

He no longer cared about pain, unless it was serious.

Его больше не волновала боль, если только она не была серьезной.

He became efficient inside and out, wasting nothing at all.

Он стал эффективным как внешне, так и внутренне, не теряя ничего впустую.

He could eat things that were vile, rotten, or hard to digest.

Он мог есть отвратительную, гнилую или трудноперевариваемую пищу.

Whatever he ate, his stomach used every last bit of value.

Что бы он ни ел, его желудок использовал все до последней капли.

His blood carried the nutrients far through his powerful body.

Его кровь разносила питательные вещества по всему его сильному телу.

This built strong tissues that gave him incredible endurance.

Это позволило сформировать крепкие ткани, которые
дали ему невероятную выносливость.

**His sight and smell became much more sensitive than
before.**

Его зрение и обоняние стали гораздо более
чувствительными, чем раньше.

**His hearing grew so sharp he could detect faint sounds in
sleep.**

Его слух стал настолько острым, что он мог улавливать
слабые звуки во сне.

**He knew in his dreams whether the sounds meant safety or
danger.**

Во сне он знал, означают ли эти звуки безопасность или
опасность.

He learned to bite the ice between his toes with his teeth.

Он научился кусать лед между пальцами ног зубами.

**If a water hole froze over, he would break the ice with his
legs.**

Если водоем замерзал, он разбивал лед ногами.

He reared up and struck the ice hard with stiff front limbs.

Он встал на дыбы и сильно ударил по льду напряженными
передними конечностями.

**His most striking ability was predicting wind changes
overnight.**

Его самой поразительной способностью было
предсказание изменений ветра за одну ночь.

**Even when the air was still, he chose spots sheltered from
wind.**

Даже когда воздух был неподвижен, он выбирал места,
защищенные от ветра.

**Wherever he dug his nest, the next day's wind passed him
by.**

Где бы он ни рыл свое гнездо, ветер следующего дня
обходил его стороной.

**He always ended up snug and protected, to leeward of the
breeze.**

Он всегда оказывался в уютном и защищенном месте, с подветренной стороны от ветра.

Buck not only learned by experience—his instincts returned too.

Бак не только извлек уроки из опыта, к нему вернулись и инстинкты.

The habits of domesticated generations began to fall away.

Привычки одомашненных поколений начали исчезать.

In vague ways, he remembered the ancient times of his breed.

Он смутно помнил древние времена своей расы.

He thought back to when wild dogs ran in packs through forests.

Он вспомнил времена, когда дикие собаки стаями бегали по лесам.

They had chased and killed their prey while running it down.

Они преследовали свою добычу и убивали ее, преследуя ее.

It was easy for Buck to learn how to fight with tooth and speed.

Бэку было легко научиться драться зубами и скоростью.

He used cuts, slashes, and quick snaps just like his ancestors.

Он использовал удары, режущие движения и быстрые щелчки, как и его предки.

Those ancestors stirred within him and awoke his wild nature.

Эти предки пробудили в нем дикую природу.

Their old skills had passed into him through the bloodline.

Их старые навыки передались ему по крови.

Their tricks were his now, with no need for practice or effort.

Теперь их трюки принадлежали ему, и для этого не требовалось никакой практики или усилий.

On still, cold nights, Buck lifted his nose and howled.

В тихие, холодные ночи Бак поднимал нос и выл.

He howled long and deep, the way wolves had done long ago.

Он выл долго и басисто, как это делали волки много лет назад.

Through him, his dead ancestors pointed their noses and howled.

Через него его мертвые предки высовывали свои носы и выли.

They howled down through the centuries in his voice and shape.

Они выли сквозь века его голосом и формой.

His cadences were theirs, old cries that told of grief and cold.

Его интонации были их собственными, это были старые крики, повествующие о горе и холоде.

They sang of darkness, of hunger, and the meaning of winter.

Они пели о тьме, голоде и значении зимы.

Buck proved of how life is shaped by forces beyond oneself,

Бак доказал, что жизнь формируется силами, находящимися вне нас,

the ancient song rose through Buck and took hold of his soul.

древняя песня пронзила Бэка и завладела его душой.

He found himself because men had found gold in the North.

Он нашел себя, потому что люди нашли золото на Севере.

And he found himself because Manuel, the gardener's helper, needed money.

И он нашел себя, потому что Мануэлю, помощнику садовника, нужны были деньги.

The Dominant Primordial Beast
Господствующий Первобытный Зверь

The dominant primordial beast was as strong as ever in Buck.

Доминирующий первобытный зверь был силен как никогда прежде в Баке.

But the dominant primordial beast had lain dormant in him.

Но доминирующий первобытный зверь дремал в нем.

Trail life was harsh, but it strengthened beast inside Buck.

Жизнь на тропе была суровой, но она закалила зверя внутри Бака.

Secretly the beast grew stronger and stronger every day.

Втайне зверь с каждым днем становился все сильнее и сильнее.

But that inner growth stayed hidden to the outside world.

Но этот внутренний рост оставался скрытым от внешнего мира.

A quiet and calm primordial force was building inside Buck.

Внутри Бака нарастала тихая и спокойная первобытная сила.

New cunning gave Buck balance, calm control, and poise.

Новая хитрость дала Бак равновесие, спокойный контроль и уравновешенность.

Buck focused hard on adapting, never feeling fully relaxed.

Бак сосредоточился на адаптации, никогда не чувствуя себя полностью расслабленным.

He avoided conflict, never starting fights, nor seeking trouble.

Он избегал конфликтов, никогда не начинал драк и не искал неприятностей.

A slow, steady thoughtfulness shaped Buck's every move.

Медленная, размеренная задумчивость определяла каждое движение Бака.

He avoided rash choices and sudden, reckless decisions.

Он избегал необдуманных решений и внезапных, безрассудных поступков.

Though Buck hated Spitz deeply, he showed him no aggression.

Хотя Бак люто ненавидел Шпица, он не проявлял к нему агрессии.

Buck never provoked Spitz, and kept his actions restrained.

Бак никогда не провоцировал Шпица и вел себя сдержанно.

Spitz, on the other hand, sensed the growing danger in Buck.

С другой стороны, Шпиц чувствовал растущую опасность в Баке.

He saw Buck as a threat and a serious challenge to his power.

Он видел в Баке угрозу и серьезный вызов своей власти.

He used every chance to snarl and show his sharp teeth.

Он использовал любую возможность, чтобы зарычать и показать свои острые зубы.

He was trying to start the deadly fight that had to come.

Он пытался начать смертельную схватку, которая должна была произойти.

Early in the trip, a fight nearly broke out between them.

В начале поездки между ними едва не вспыхнула драка.

But an unexpected accident stopped the fight from happening.

Однако неожиданный инцидент помешал проведению боя.

That evening they set up camp on the bitterly cold Lake Le Barge.

Вечером они разбили лагерь на очень холодном озере Ле-Барж.

The snow was falling hard, and the wind cut like a knife.

Шел сильный снег, а ветер резал как нож.

The night had come too fast, and darkness surrounded them.

Ночь наступила слишком быстро, и их окружила тьма.

They could hardly have chosen a worse place for rest.

Худшего места для отдыха они вряд ли могли выбрать.

The dogs searched desperately for a place to lie down.

Собаки отчаянно искали место, где можно было бы лечь.

A tall rock wall rose steeply behind the small group.

Позади небольшой группы круто возвышалась высокая каменная стена.

The tent had been left behind in Dyea to lighten the load.

Палатку оставили в Дайе, чтобы облегчить груз.

They had no choice but to make the fire on the ice itself.

У них не было выбора, кроме как развести огонь прямо на льду.

They spread their sleeping robes directly on the frozen lake.

Они расстелили свои спальные халаты прямо на замерзшем озере.

A few sticks of driftwood gave them a little bit of fire.

Несколько палочек из плавника дали им немного огня.

But the fire was built on the ice, and thawed through it.

Но огонь разгорелся на льду и растопил его.

Eventually they were eating their supper in darkness.

В конце концов они ужинали в темноте.

Buck curled up beside the rock, sheltered from the cold wind.

Бэк свернулся калачиком возле скалы, укрывшись от холодного ветра.

The spot was so warm and safe that Buck hated to move away.

Место было таким теплым и безопасным, что Баку не хотелось уезжать.

But François had warmed the fish and was handing out rations.

Но Франсуа разогрел рыбу и раздавал пайки.

Buck finished eating quickly, and returned to his bed.

Бак быстро закончил есть и вернулся в постель.

But Spitz was now laying where Buck had made his bed.

Но Шпиц теперь лежал там, где Бак устроил себе постель.

A low snarl warned Buck that Spitz refused to move.

Низкий рык предупредил Бака, что Шпиц отказывается двигаться.

Until now, Buck had avoided this fight with Spitz.

До сих пор Бак избегал боя со Шпицем.

But deep inside Buck the beast finally broke loose.

Но глубоко внутри Бака зверь наконец вырвался на свободу.

The theft of his sleeping place was too much to tolerate.

Кража его спального места оказалась невыносимой.

Buck launched himself at Spitz, full of anger and rage.

Бак бросился на Шпица, полный гнева и ярости.

Up until not Spitz had thought Buck was just a big dog.

До этого Шпиц считал Бака просто большой собакой.

He didn't think Buck had survived through his spirit.

Он не думал, что Бак выжил благодаря своему духу.

He was expecting fear and cowardice, not fury and revenge.

Он ожидал страха и трусости, а не ярости и мести.

François stared as both dogs burst from the ruined nest.

Франсуа наблюдал, как обе собаки выскочили из разрушенного гнезда.

He understood at once what had started the wild struggle.

Он сразу понял, что послужило причиной этой яростной борьбы.

"A-a-ah!" François cried out in support of the brown dog.

«Аа-а!» — закричал Франсуа, поддерживая коричневую собаку.

"Give him a beating! By God, punish that sneaky thief!"

"Дай ему пинка! Богом клянусь, накажи этого подлого вора!"

Spitz showed equal readiness and wild eagerness to fight.

Шпиц проявил такую же готовность и дикое рвение к борьбе.

He cried out in rage while circling fast, seeking an opening.

Он закричал от ярости, быстро кружа в поисках выхода.

Buck showed the same hunger to fight, and the same caution.

Бак проявил ту же жажду борьбы и ту же осторожность.

He circled his opponent as well, trying to gain the upper hand in battle.

Он также кружил вокруг своего противника, пытаясь одержать верх в бою.

Then something unexpected happened and changed everything.

Затем произошло нечто неожиданное и все изменило.

That moment delayed the eventual fight for the leadership.

Этот момент отсрочил окончательную борьбу за лидерство.

Many miles of trail and struggle still waited before the end.

До конца их ждало еще много миль пути и борьбы.

Perrault shouted an oath as a club smacked against bone.

Перро выкрикнул ругательство, когда дубинка ударила по кости.

A sharp yelp of pain followed, then chaos exploded all around.

Раздался резкий вопль боли, а затем вокруг воцарился хаос.

Dark shapes moved in camp; wild huskies, starved and fierce.

По лагерю двигались темные тени: дикие лайки, голодные и свирепые.

Four or five dozen huskies had sniffed the camp from far away.

Четыре или пять десятков лаек издалека почуяли лагерь.

They had crept in quietly while the two dogs fought nearby.

Они тихо пробрались внутрь, пока две собаки дрались неподалёку.

François and Perrault charged, swinging clubs at the invaders.

Франсуа и Перро бросились в атаку, размахивая дубинками в сторону захватчиков.

The starving huskies showed teeth and fought back in frenzy.

Голодные хаски оскалили зубы и яростно отбивались.

The smell of meat and bread had driven them past all fear.

Запах мяса и хлеба заставил их забыть о страхе.

Perrault beat a dog that had buried its head in the grub-box.

Перро избил собаку, которая зарылась головой в ящик со съестными припасами.

The blow hit hard, and the box flipped, food spilling out.

Удар был сильным, коробка перевернулась, и еда высыпалась.

In seconds, a score of wild beasts tore into the bread and meat.

За считанные секунды десятки диких зверей набросились на хлеб и мясо.

The men's clubs landed blow after blow, but no dog turned away.

Мужские дубинки наносили удар за ударом, но ни одна собака не отвернулась.

They howled in pain, but fought until no food remained.

Они выли от боли, но сражались до тех пор, пока не осталась еда.

Meanwhile, the sled-dogs had jumped from their snowy beds.

Тем временем ездовые собаки выпрыгнули из своих снежных постелей.

They were instantly attacked by the vicious hungry huskies.

На них тут же напали свирепые голодные хаски.

Buck had never seen such wild and starved creatures before.

Бак никогда раньше не видел таких диких и голодных существ.

Their skin hung loose, barely hiding their skeletons.

Кожа у них свисала свободно, едва скрывая скелеты.

There was a fire in their eyes, from hunger and madness

В их глазах горел огонь от голода и безумия.

There was no stopping them; no resisting their savage rush.

Их невозможно было остановить, невозможно было противостоять их дикому натиску.

The sled-dogs were shoved back, pressed against the cliff wall.

Собачьи упряжки были отброшены назад и прижаты к скале.

Three huskies attacked Buck at once, tearing into his flesh.

Три лайки одновременно напали на Бэка, разрывая его плоть.

Blood poured from his head and shoulders, where he'd been cut.

Кровь текла из его головы и плеч, где он был порезан.

The noise filled the camp; growling, yelps, and cries of pain.

Шум наполнил лагерь: рычание, визги и крики боли.

Billee cried loudly, as usual, caught in the fray and panic.

Билли, как обычно, громко закричал, охваченный дракой и паникой.

Dave and Solleks stood side by side, bleeding but defiant.

Дэйв и Соллекс стояли бок о бок, истекая кровью, но сохраняя непокорность.

Joe fought like a demon, biting anything that came close.

Джо сражался как демон, кусая все, что приближалось.

He crushed a husky's leg with one brutal snap of his jaws.

Одним резким движением челюстей он раздавил ногу хаски.

Pike jumped on the wounded husky and broke its neck instantly.

Пайк прыгнул на раненую лайку и мгновенно сломал ей шею.

Buck caught a husky by the throat and ripped through the vein.

Бэк схватил лайку за горло и перерезал ей вену.

Blood sprayed, and the warm taste drove Buck into a frenzy.

Брызнула кровь, и ее теплый вкус привел Бака в ярость.

He hurled himself at another attacker without hesitation.

Он без колебаний бросился на другого нападавшего.

At the same moment, sharp teeth dug into Buck's own throat.

В тот же момент острые зубы впились в горло Бака.

Spitz had struck from the side, attacking without warning.

Шпиц нанес удар сбоку, атаковав без предупреждения.

Perrault and François had defeated the dogs stealing the food.

Перро и Франсуа победили собак, воровавших еду.

Now they rushed to help their dogs fight back the attackers.

Теперь они бросились помогать своим собакам отбиваться от нападавших.

The starving dogs retreated as the men swung their clubs.

Голодные собаки отступили, когда мужчины замахнулись дубинками.

Buck broke free from the attack, but the escape was brief.

Бак вырвался из-под атаки, но побег был недолгим.

The men ran to save their dogs, and the huskies swarmed again.

Мужчины побежали спасать своих собак, и лайки снова набросились.

Billee, frightened into bravery, leapt into the pack of dogs.

Билли, набравшись храбрости и испугавшись, прыгнул в стаю собак.

But then he fled across the ice, in raw terror and panic.

Но затем он побежал по льду, охваченный ужасом и паникой.

Pike and Dub followed close behind, running for their lives.

Пайк и Даб последовали за ними, спасая свои жизни.

The rest of the team broke and scattered, following after them.

Остальная часть команды разбежалась и последовала за ними.

Buck gathered his strength to run, but then saw a flash.

Бак собрался с силами, чтобы бежать, но тут увидел вспышку.

Spitz lunged at Buck's side, trying to knock him to the ground.

Шпиц бросился на Бака, пытаясь повалить его на землю.

Under that mob of huskies, Buck would have had no escape.

Под толпой хаски Бак было не скрыться.

But Buck stood firm and braced for the blow from Spitz.

Но Бак держался стойко и приготовился к удару Шпица.

Then he turned and ran out onto the ice with the fleeing team.

Затем он повернулся и выбежал на лед вместе с
убегающей командой.

**Later, the nine sled-dogs gathered in the shelter of the
woods.**

Позже девять ездовых собак собрались под прикрытием
леса.

**No one chased them anymore, but they were battered and
wounded.**

За ними больше никто не гнался, но они были избиты и
ранены.

Each dog had wounds; four or five deep cuts on every body.

У каждой собаки были раны: по четыре-пять глубоких
порезов на теле.

Dub had an injured hind leg and struggled to walk now.

У Даба была травмирована задняя лапа, и теперь ему было
трудно ходить.

Dolly, the newest dog from Dyea, had a slashed throat.

У Долли, новой собаки из Дайи, было перерезано горло.

Joe had lost an eye, and Billee's ear was cut to pieces

Джо потерял глаз, а ухо Билли было разорвано на куски.

All the dogs cried in pain and defeat through the night.

Все собаки всю ночь плакали от боли и поражения.

At dawn they crept back to camp, sore and broken.

На рассвете они вернулись в лагерь, измученные и
сломленные.

The huskies had vanished, but the damage had been done.

Хаски исчезли, но ущерб уже был нанесен.

Perrault and François stood in foul moods over the ruin.

Перро и Франсуа стояли над руинами в отвратительном
настроении.

Half of the food was gone, snatched by the hungry thieves.

Половину еды унесли голодные воры.

The huskies had torn through sled bindings and canvas.

Хаски разорвали крепления и брезент саней.

**Anything with a smell of food had been devoured
completely.**

Все, что имело запах еды, было полностью съедено.

They ate a pair of Perrault's moose-hide traveling boots.

Они съели пару дорожных сапог Перро из лосиной шкуры.

They chewed leather reis and ruined straps beyond use.

Они изгрызли кожаные реи и испортили ремни до такой степени, что они стали непригодными для использования.

François stopped staring at the torn lash to check the dogs.

Франсуа перестал смотреть на порванную плеть, чтобы проверить собак.

"Ah, my friends," he said, his voice low and filled with worry.

«Ах, друзья мои», — сказал он тихим голосом, полным беспокойства.

"Maybe all these bites will turn you into mad beasts."

«Может быть, все эти укусы превратят вас в бешеных зверей».

"Maybe all mad dogs, sacredam! What do you think, Perrault?"

«Может быть, все они бешеные собаки, святейший! Что ты думаешь, Перро?»

Perrault shook his head, eyes dark with concern and fear.

Перро покачал головой, глаза его потемнели от беспокойства и страха.

Four hundred miles still lay between them and Dawson.

Между ними и Доусоном лежало еще четыреста миль.

Dog madness now could destroy any chance of survival.

Собачье безумие теперь может уничтожить любые шансы на выживание.

They spent two hours swearing and trying to fix the gear.

Они потратили два часа, ругаясь и пытаясь починить снаряжение.

The wounded team finally left the camp, broken and defeated.

Раненая команда в конце концов покинула лагерь, разбитая и побежденная.

This was the hardest trail yet, and each step was painful.

Это был самый трудный путь, и каждый шаг давался с болью.

The Thirty Mile River had not frozen, and was rushing wildly.

Река Тридцатая Миля не замерзла и бурно бурлила.

Only in calm spots and swirling eddies did ice manage to hold.

Лишь в спокойных местах и бурных водоворотах лед удерживался.

Six days of hard labor passed until the thirty miles were done.

Прошло шесть дней тяжелого труда, прежде чем тридцать миль были пройдены.

Each mile of the trail brought danger and the threat of death.

Каждая миля пути приносила опасность и угрозу смерти.

The men and dogs risked their lives with every painful step.

Люди и собаки рисковали своей жизнью на каждом болезненном шагу.

Perrault broke through thin ice bridges a dozen different times.

Перро прорывал тонкие ледяные мосты дюжину раз.

He carried a pole and let it fall across the hole his body made.

Он взял шест и бросил его через яму, образовавшуюся от его тела.

More than once did that pole save Perrault from drowning.

Этот шест не раз спасал Перро от утопления.

The cold snap held firm, the air was fifty degrees below zero.

Похолодание сохранялось, температура воздуха составляла пятьдесят градусов ниже нуля.

Every time he fell in, Perrault had to light a fire to survive.

Каждый раз, когда Перро падал, ему приходилось разжигать огонь, чтобы выжить.

Wet clothing froze fast, so he dried them near blazing heat.

Мокрая одежда быстро замерзала, поэтому он сушил ее на сильном огне.

No fear ever touched Perrault, and that made him a courier.
Никакой страх никогда не касался Перро, и это сделало
его курьером.

He was chosen for danger, and he met it with quiet resolve.
Его выбрали для опасности, и он встретил ее со спокойной
решимостью.

He pressed forward into wind, his shriveled face frostbitten.
Он двинулся вперед навстречу ветру, его сморщенное
лицо было обморожено.

From faint dawn to nightfall, Perrault led them onward.
От слабого рассвета до наступления темноты Перро вел их
вперед.

He walked on narrow rim ice that cracked with every step.
Он шел по узкому льду, который трескался при каждом
шаге.

They dared not stop—each pause risked a deadly collapse.
Они не осмеливались останавливаться — каждая пауза
грозила смертельным исходом.

One time the sled broke through, pulling Dave and Buck in.
Однажды сани прорвались, затянув Дэйва и Бака.

By the time they were dragged free, both were near frozen.
К тому времени, как их вытащили на свободу, оба были
почти замерзшими.

The men built a fire quickly to keep Buck and Dave alive.
Мужчины быстро развели костер, чтобы спасти Бак и
Дэйва.

**The dogs were coated in ice from nose to tail, stiff as carved
wood.**
Собаки были покрыты льдом от носа до хвоста, жесткие,
как резное дерево.

**The men ran them in circles near the fire to thaw their
bodies.**
Мужчины водили их кругами возле костра, чтобы согреть
их тела.

They came so close to the flames that their fur was singed.
Они подошли так близко к огню, что их шерсть обгорела.

Spitz broke through the ice next, dragging in the team behind him.

Следующим из-под льда прорвался Шпиц, увлекая за собой команду.

The break reached all the way up to where Buck was pulling.

Разрыв дошел до того места, где тянул Бак.

Buck leaned back hard, paws slipping and trembling on the edge.

Бэк резко откинулся назад, его лапы скользили и дрожали на краю.

Dave also strained backward, just behind Buck on the line.

Дэйв также отступил назад, оказавшись на линии сразу за Баком.

François hauled on the sled, his muscles cracking with effort.

Франсуа тащил сани, его мышцы трещали от усилий.

Another time, rim ice cracked before and behind the sled.

В другой раз край льда треснул перед санями и позади них.

They had no way out except to climb a frozen cliff wall.

У них не было другого выхода, кроме как карабкаться по замерзшей скале.

Perrault somehow climbed the wall; a miracle kept him alive.

Перро каким-то образом перелез через стену; чудо сохранило ему жизнь.

François stayed below, praying for the same kind of luck.

Франсуа остался внизу, молясь о такой же удаче.

They tied every strap, lashing, and trace into one long rope.

Они связали все ремни, обвязки и постромки в одну длинную веревку.

The men hauled each dog up, one at a time to the top.

Мужчины по одной подняли собак наверх.

François climbed last, after the sled and the entire load.

Франсуа поднялся последним, после саней и всего груза.

Then began a long search for a path down from the cliffs.

Затем начались долгие поиски тропы, ведущей вниз со скал.

They finally descended using the same rope they had made.

В конце концов они спустились, используя ту же веревку, которую сделали сами.

Night fell as they returned to the riverbed, exhausted and sore.

Наступила ночь, когда они вернулись к руслу реки, измученные и больные.

They had taken a full day to cover only a quarter of a mile.

За целый день им удалось продвинуться всего на четверть мили.

By the time they reached the Hootalinqua, Buck was worn out.

К тому времени, как они добрались до Хуталинква, Бак был измотан.

The other dogs suffered just as badly from the trail conditions.

Другие собаки так же сильно пострадали от условий тропы.

But Perrault needed to recover time, and pushed them on each day.

Но Перро нужно было наверстать упущенное, и он подталкивал их вперед каждый день.

The first day they traveled thirty miles to Big Salmon.

В первый день они прошли тридцать миль до Биг-Салмона.

The next day they travelled thirty-five miles to Little Salmon.

На следующий день они проделали путь в тридцать пять миль до Литл-Салмона.

On the third day they pushed through forty long frozen miles.

На третий день они преодолели сорок миль по замерзшей дороге.

By then, they were nearing the settlement of Five Fingers.

К тому времени они приближались к поселению Файв-Фингерс.

Buck's feet were softer than the hard feet of native huskies.
Копыта Бака были мягче, чем твердые копыта местных лаек.
His paws had grown tender over many civilized generations.
За многие цивилизованные поколения его лапы стали нежными.
Long ago, his ancestors had been tamed by river men or hunters.
Давным-давно его предки были приручены речными людьми или охотниками.
Every day Buck limped in pain, walking on raw, aching paws.
Каждый день Бак хромал от боли, ступая на ободранных, ноющих лапах.
At camp, Buck dropped like a lifeless form upon the snow.
В лагере Бак безжизненно рухнул на снег.
Though starving, Buck did not rise to eat his evening meal.
Несмотря на голод, Бак не встал, чтобы поужинать.
François brought Buck his ration, laying fish by his muzzle.
Франсуа принес Бак его паек, положив рыбу ему на морду.
Each night the driver rubbed Buck's feet for half an hour.
Каждый вечер водитель в течение получаса растирал Бак ноги.
François even cut up his own moccasins to make dog footwear.
Франсуа даже разрезал свои собственные мокасины, чтобы сделать из них обувь для собак.
Four warm shoes gave Buck a great and welcome relief.
Четыре теплых ботинка принесли Бак большое и долгожданное облегчение.
One morning, François forgot the shoes, and Buck refused to rise.
Однажды утром Франсуа забыл туфли, а Бак отказался вставать.

Buck lay on his back, feet in the air, waving them pitifully.
Бак лежал на спине, задрав ноги в воздух, и жалобно ими размахивал.
Even Perrault grinned at the sight of Buck's dramatic plea.
Даже Перро ухмыльнулся, увидев драматическую мольбу Бака.
Soon Buck's feet grew hard, and the shoes could be discarded.
Вскоре ноги Бака затвердели, и обувь пришлось выбросить.
At Pelly, during harness time, Dolly let out a dreadful howl.
В Пелли, во время запряжки, Долли издала ужасный вой.
The cry was long and filled with madness, shaking every dog.
Крик был долгим и полным безумия, потрясшим каждую собаку.
Each dog bristled in fear without knowing the reason.
Каждая собака ощетинилась от страха, не понимая причины.
Dolly had gone mad and hurled herself straight at Buck.
Долли сошла с ума и бросилась прямо на Бака.
Buck had never seen madness, but horror filled his heart.
Бак никогда не видел безумия, но ужас наполнил его сердце.
With no thought, he turned and fled in absolute panic.
Не раздумывая, он повернулся и в панике бросился бежать.
Dolly chased him, her eyes wild, saliva flying from her jaws.
Долли погналась за ним, ее глаза были дикими, слюна летела из ее пасти.
She kept right behind Buck, never gaining and never falling back.
Она держалась сразу за Баком, не отставая и не нагоняя его.
Buck ran through woods, down the island, across jagged ice.
Бак бежал через лес, по острову, по неровному льду.

He crossed to an island, then another, circling back to the river.

Он переправился на остров, затем на другой, а затем вернулся обратно к реке.

Still Dolly chased him, her growl close behind at every step.

Долли продолжала преследовать его, и ее рычание раздавалось на каждом шагу.

Buck could hear her breath and rage, though he dared not look back.

Бак слышал ее дыхание и ярость, хотя не осмеливался оглядываться.

François shouted from afar, and Buck turned toward the voice.

Франсуа крикнул издалека, и Бак повернулся на голос.

Still gasping for air, Buck ran past, placing all hope in François.

Все еще хватая ртом воздух, Бак пробежал мимо, возлагая всю надежду на Франсуа.

The dog-driver raised an axe and waited as Buck flew past.

Погонщик собак поднял топор и подождал, пока Бак пролетит мимо.

The axe came down fast and struck Dolly's head with deadly force.

Топор стремительно опустился и со смертельной силой ударил Долли по голове.

Buck collapsed near the sled, wheezing and unable to move.

Бак рухнул возле саней, хрипя и не в силах пошевелиться.

That moment gave Spitz his chance to strike an exhausted foe.

В этот момент у Шпица появился шанс нанести удар измотанному противнику.

Twice he bit Buck, ripping flesh down to the white bone.

Дважды он укусил Бэка, разрывая плоть до белой кости.

François's whip cracked, striking Spitz with full, furious force.

Франсуа щелкнул кнутом, ударив Шпица со всей яростной силой.

Buck watched with joy as Spitz received his harshest beating yet.

Бак с радостью наблюдал, как Шпица избивают сильнее, чем когда-либо.

"He's a devil, that Spitz," Perrault muttered darkly to himself.

«Он дьявол, этот Шпиц», — мрачно пробормотал Перро себе под нос.

"Someday soon, that cursed dog will kill Buck—I swear it."

«Однажды, очень скоро, эта проклятая собака убьет Бака — клянусь».

"That Buck has two devils in him," François replied with a nod.

«В этом Баке два дьявола», — ответил Франсуа, кивнув.

"When I watch Buck, I know something fierce waits in him."

«Когда я смотрю на Бака, я знаю, что в нем таится что-то свирепое».

"One day, he'll get mad as fire and tear Spitz to pieces."

«Однажды он разозлится и разорвет Шпица на куски».

"He'll chew that dog up and spit him on the frozen snow."

«Он прожует эту собаку и выплюнет ее на замерзший снег».

"Sure as anything, I know this deep in my bones."

«Конечно, я знаю это в глубине души».

From that moment forward, the two dogs were locked in war.

С этого момента между двумя собаками началась война.

Spitz led the team and held power, but Buck challenged that.

Спиц возглавлял команду и удерживал власть, но Бак бросил этому вызов.

Spitz saw his rank threatened by this odd Southland stranger.

Шпиц увидел, что этот странный незнакомец с Юга угрожает его положению.

Buck was unlike any southern dog Spitz had known before.

Бак не был похож ни на одну южную собаку, которую Шпиц знал раньше.

Most of them failed—too weak to live through cold and hunger.

Большинство из них потерпели неудачу — они были слишком слабы, чтобы пережить холод и голод.

They died fast under labor, frost, and the slow burn of famine.

Они быстро умирали от труда, холода и медленного голода.

Buck stood apart—stronger, smarter, and more savage each day.

Бак стоял особняком — с каждым днем становясь сильнее, умнее и свирепее.

He thrived on hardship, growing to match the northern huskies.

Он преуспел в трудностях и вырос, став достойным соперником северных хаски.

Buck had strength, wild skill, and a patient, deadly instinct.

У Бака была сила, дикая ловкость и терпеливый, смертоносный инстинкт.

The man with the club had beaten rashness out of Buck.

Человек с дубинкой выбил из Бака всякую опрометчивость.

Blind fury was gone, replaced by quiet cunning and control.

Слепая ярость исчезла, уступив место тихой хитрости и контролю.

He waited, calm and primal, watching for the right moment.

Он ждал, спокойный и первобытный, выжидая подходящего момента.

Their fight for command became unavoidable and clear.

Их борьба за господство стала неизбежной и очевидной.

Buck desired leadership because his spirit demanded it.

Бак желал лидерства, потому что этого требовал его дух.

He was driven by the strange pride born of trail and harness.

Им двигала странная гордость, рожденная тропой и упряжью.

That pride made dogs pull till they collapsed on the snow.

Эта гордость заставляла собак тянуть, пока они не падали на снег.

Pride lured them into giving all the strength they had.

Гордыня заставила их отдать все силы, которые у них были.

Pride can lure a sled-dog even to the point of death.

Гордыня может загнать ездовую собаку даже в ловушку смерти.

Losing the harness left dogs broken and without purpose.

Потеряв шлейку, собаки стали сломленными и бесполезными.

The heart of a sled-dog can be crushed by shame when they retire.

Сердце ездовой собаки может быть раздавлено стыдом, когда она уходит на пенсию.

Dave lived by that pride as he dragged the sled from behind.

Дэйв жил этой гордостью, когда тащил сани сзади.

Solleks, too, gave his all with grim strength and loyalty.

Соллекс тоже отдал всего себя с мрачной силой и преданностью.

Each morning, pride turned them from bitter to determined.

Каждое утро гордость превращала их из озлобленных в решительных.

They pushed all day, then dropped silent at the camp's end.

Они продвигались весь день, а затем затихли на окраине лагеря.

That pride gave Spitz the strength to beat shirkers into line.

Эта гордость давала Шпицу силы заставить уклонистов подчиняться.

Spitz feared Buck because Buck carried that same deep pride.

Шпиц боялся Бэка, потому что Бак был столь же горд.

Buck's pride now stirred against Spitz, and he did not stop.

Гордыня Бэка восстала против Шпица, и он не остановился.

Buck defied Spitz's power and blocked him from punishing dogs.

Бак бросил вызов силе Шпица и не позволил ему наказать собак.

When others failed, Buck stepped between them and their leader.

Когда другие потерпели неудачу, Бак встал между ними и их лидером.

He did this with intent, making his challenge open and clear.

Он сделал это намеренно, сделав свой вызов открытым и ясным.

On one night heavy snow blanketed the world in deep silence.

Однажды ночью сильный снегопад окутал мир глубокой тишиной.

The next morning, Pike, lazy as ever, did not rise for work.

На следующее утро Пайк, как всегда ленивый, не встал на работу.

He stayed hidden in his nest beneath a thick layer of snow.

Он спрятался в своем гнезде под толстым слоем снега.

François called out and searched, but could not find the dog.

Франсуа звал и искал, но не смог найти собаку.

Spitz grew furious and stormed through the snow-covered camp.

Шпиц разозлился и бросился сквозь заснеженный лагерь.

He growled and sniffed, digging madly with blazing eyes.

Он рычал и принюхивался, бешено копая землю горящими глазами.

His rage was so fierce that Pike shook under the snow in fear.

Его ярость была столь неистовой, что Пайк затрясся от страха под снегом.

When Pike was finally found, Spitz lunged to punish the hiding dog.

Когда Пайк наконец был найден, Шпиц бросился наказать спрятавшуюся собаку.

But Buck sprang between them with a fury equal to Spitz's own.

Но Бак бросился между ними с яростью, не уступающей ярости Шпица.

The attack was so sudden and clever that Spitz fell off his feet.

Атака была настолько внезапной и ловкой, что Шпиц упал с ног.

Pike, who had been shaking, took courage from this defiance.

Пайк, которого трясло, почерпнул мужество из этого вызова.

He leapt on the fallen Spitz, following Buck's bold example.

Он вскочил на упавшего шпица, следуя смелому примеру Бака.

Buck, no longer bound by fairness, joined the strike on Spitz.

Бак, больше не связанный принципами справедливости, присоединился к забастовке на Шпице.

François, amused yet firm in discipline, swung his heavy lash.

Франсуа, удивленный, но твердый в дисциплине, взмахнул своей тяжелой плетью.

He struck Buck with all his strength to break up the fight.

Он со всей силы ударил Бака, чтобы прекратить драку.

Buck refused to move and stayed atop the fallen leader.

Бак отказался двигаться и остался на упавшем лидере.

François then used the whip's handle, hitting Buck hard.

Затем Франсуа использовал рукоятку хлыста, сильно ударив Бэка.

Staggering from the blow, Buck fell back under the assault.

Пошатнувшись от удара, Бак отступил под натиском противника.

François struck again and again while Spitz punished Pike.

Франсуа наносил удары снова и снова, а Спиц наказывал Пайка.

Days passed, and Dawson City grew nearer and nearer.

Дни шли, и Доусон-Сити становился все ближе и ближе.

Buck kept interfering, slipping between Spitz and other dogs.

Бэк постоянно вмешивался, проскальзывая между Шпицем и другими собаками.

He chose his moments well, always waiting for François to leave.

Он тщательно выбирал моменты, всегда дожидаясь, пока Франсуа уйдет.

Buck's quiet rebellion spread, and disorder took root in the team.

Тихий мятеж Бака распространился, и в команде воцарился беспорядок.

Dave and Solleks stayed loyal, but others grew unruly.

Дэйв и Соллекс остались верны, но остальные стали неуправляемыми.

The team grew worse—restless, quarrelsome, and out of line.

Команда стала еще хуже — беспокойной, сварливой и недисциплинированной.

Nothing worked smoothly anymore, and fights became common.

Все перестало быть гладким, и драки стали обычным явлением.

Buck stayed at the heart of the trouble, always provoking unrest.

Бак оставался в центре событий, постоянно провоцируя беспорядки.

François stayed alert, afraid of the fight between Buck and Spitz.

Франсуа оставался настороже, опасаясь драки между Баком и Шпицем.

Each night, scuffles woke him, fearing the beginning finally arrived.

Каждую ночь он будил себя шумом потасовок и боялся, что вот-вот начнется что-то неладное.

He leapt from his robe, ready to break up the fight.
Он выпрыгнул из своего халата, готовый прекратить драку.

But the moment never came, and they reached Dawson at last.
Но момент так и не настал, и они наконец добрались до Доусона.

The team entered the town one bleak afternoon, tense and quiet.
Группа вошла в город одним унылым днем, напряженным и тихим.

The great battle for leadership still hung in the frozen air.
Великая битва за лидерство все еще висела в морозном воздухе.

Dawson was full of men and sled-dogs, all busy with work.
В Доусоне было полно людей и ездовых собак, все были заняты работой.

Buck watched the dogs pull loads from morning until night.
Бак наблюдал, как собаки тянут грузы с утра до вечера.

They hauled logs and firewood, freighted supplies to the mines.
Они возили бревна и дрова, доставляли припасы на рудники.

Where horses once worked in the Southland, dogs now labored.
Там, где раньше на юге работали лошади, теперь трудятся собаки.

Buck saw some dogs from the South, but most were wolf-like huskies.
Бак видел несколько собак с Юга, но большинство из них были похожими на волков лайками.

At night, like clockwork, the dogs raised their voices in song.
Ночью, как по часам, собаки начинали петь.

At nine, at midnight, and again at three, the singing began.
В девять, в полночь и снова в три часа начиналось пение.

Buck loved joining their eerie chant, wild and ancient in sound.

Бэку нравилось присоединяться к их жуткому пению, дикому и древнему по звучанию.

The aurora flamed, stars danced, and snow blanketed the land.

Ярко светило полярное сияние, плясали звезды, а землю покрывал снег.

The dogs' song rose as a cry against silence and bitter cold.

Песня собак раздалась как крик, заглушающий тишину и пронизывающий холод.

But their howl held sorrow, not defiance, in every long note.

Но в каждой их долгой ноте звучала печаль, а не вызов.

Each wailing cry was full of pleading; the burden of life itself.

Каждый вопль был полон мольбы, бремени самой жизни.

That song was old—older than towns, and older than fires

Та песня была старой — старше городов и старше пожаров.

That song was more ancient even than the voices of men.

Эта песня была даже древнее голосов людей.

It was a song from the young world, when all songs were sad.

Это была песня из мира юности, когда все песни были грустными.

The song carried sorrow from countless generations of dogs.

В этой песне звучала печаль бесчисленных поколений собак.

Buck felt the melody deeply, moaning from pain rooted in the ages.

Бак глубоко прочувствовал мелодию, стонал от боли, уходящей корнями в века.

He sobbed from a grief as old as the wild blood in his veins.

Он рыдал от горя, столь же древнего, как и дикая кровь в его жилах.

The cold, the dark, and the mystery touched Buck's soul.

Холод, темнота и тайна тронули душу Бака.

That song proved how far Buck had returned to his origins.
Эта песня показала, насколько Бак вернулся к своим истокам.
Through snow and howling he had found the start of his own life.
Сквозь снег и вой он нашел начало своей жизни.

Seven days after arriving in Dawson, they set off once again.
Через семь дней после прибытия в Доусон они снова отправились в путь.
The team dropped from the Barracks down to the Yukon Trail.
Группа высадилась из казарм на Юконской тропе.
They began the journey back toward Dyea and Salt Water.
Они начали обратный путь к Дайе и Солт-Уотеру.
Perrault carried dispatches even more urgent than before.
Перро доставлял депеши еще более срочные, чем прежде.
He was also seized by trail pride and aimed to set a record.
Его также охватила гордость за победу в беге, и он задался целью установить рекорд.
This time, several advantages were on Perrault's side.
На этот раз на стороне Перро было несколько преимуществ.
The dogs had rested for a full week and regained their strength.
Собаки отдыхали целую неделю и восстановили силы.
The trail they had broken was now hard-packed by others.
Тропа, которую они проложили, теперь была утоптана другими.
In places, police had stored food for dogs and men alike.
В некоторых местах полиция запасала еду как для собак, так и для людей.
Perrault traveled light, moving fast with little to weigh him down.
Перро путешествовал налегке, двигался быстро, и ничто его не обременяло.
They reached Sixty-Mile, a fifty-mile run, by the first night.

К первой ночи они достигли «Шестидесятой мили» — забега на пятьдесят миль.

On the second day, they rushed up the Yukon toward Pelly.
На второй день они двинулись вверх по Юкону к Пелли.

But such fine progress came with much strain for François.
Однако столь значительный прогресс дался Франсуа с большим напряжением.

Buck's quiet rebellion had shattered the team's discipline.
Тихий бунт Бака подорвал дисциплину команды.

They no longer pulled together like one beast in the reins.
Они больше не действовали сообща, как один зверь под уздцы.

Buck had led others into defiance through his bold example.
Бак своим смелым примером побудил других к неповиновению.

Spitz's command was no longer met with fear or respect.
Команды Шпица больше не вызывали страха и уважения.

The others lost their awe of him and dared to resist his rule.
Остальные утратили благоговение перед ним и осмелились воспротивиться его правлению.

One night, Pike stole half a fish and ate it under Buck's eye.
Однажды ночью Пайк украл половину рыбы и съел ее на глазах у Бэка.

Another night, Dub and Joe fought Spitz and went unpunished.
В другой вечер Даб и Джо подрались со Шпицем и остались безнаказанными.

Even Billee whined less sweetly and showed new sharpness.
Даже Билли ныл уже не так сладко и проявил новую резкость.

Buck snarled at Spitz every time they crossed paths.
Бак рычал на Шпица каждый раз, когда их пути пересекались.

Buck's attitude grew bold and threatening, nearly like a bully.
Поведение Бака стало дерзким и угрожающим, он стал почти как хулиган.

He paced before Spitz with a swagger, full of mocking menace.

Он расхаживал перед Шпицем с развязной походкой, полной насмешливой угрозы.

That collapse of order also spread among the sled-dogs.

Этот крах порядка распространился и на ездовых собак.

They fought and argued more than ever, filling camp with noise.

Они ссорились и спорили больше, чем когда-либо, наполняя лагерь шумом.

Camp life turned into a wild, howling chaos each night.

Каждую ночь жизнь в лагере превращалась в дикий, воющий хаос.

Only Dave and Solleks remained steady and focused.

Только Дэйв и Соллекс оставались спокойными и сосредоточенными.

But even they became short-tempered from the constant brawls.

Но даже они стали вспыльчивыми от постоянных драк.

François cursed in strange tongues and stomped in frustration.

Франсуа ругался на странных языках и топал ногами от досады.

He tore at his hair and shouted while snow flew underfoot.

Он рвал на себе волосы и кричал, а снег летел из-под ног.

His whip snapped across the pack but barely kept them in line.

Его кнут щелкал по всей стае, но едва мог удержать их в строю.

Whenever his back was turned, the fighting broke out again.

Всякий раз, когда он отворачивался, драка возобновлялась.

François used the lash for Spitz, while Buck led the rebels.

Франсуа использовал плетку для Шпица, в то время как Бак возглавлял мятежников.

Each knew the other's role, but Buck avoided any blame.

Каждый из них знал роль другого, но Бак избегал любых обвинений.

François never caught Buck starting a fight or shirking his job.

Франсуа ни разу не видел, чтобы Бак затевал драку или уклонялся от работы.

Buck worked hard in harness—the toil now thrilled his spirit.

Бак усердно трудился в упряжке — теперь этот труд волновал его дух.

But he found even more joy in stirring fights and chaos in camp.

Но еще большую радость он находил, устраивая драки и создавая хаос в лагере.

At the Tahkeena's mouth one evening, Dub startled a rabbit.

Однажды вечером у устья реки Тахкина Даб спугнул кролика.

He missed the catch, and the snowshoe rabbit sprang away.

Он промахнулся, и кролик-беляк убежал.

In seconds, the entire sled team gave chase with wild cries.

Через несколько секунд вся упряжка с дикими криками бросилась в погоню.

Nearby, a Northwest Police camp housed fifty husky dogs.

Неподалеку, в лагере северо-западной полиции, размещалось пятьдесят собак хаски.

They joined the hunt, surging down the frozen river together.

Они присоединились к охоте, вместе спускаясь по замерзшей реке.

The rabbit turned off the river, fleeing up a frozen creek bed.

Кролик свернул с реки и побежал вверх по замерзшему руслу ручья.

The rabbit skipped lightly over snow while the dogs struggled through.

Кролик легко скакал по снегу, а собаки пробирались сквозь него.

Buck led the massive pack of sixty dogs around each twisting bend.

Бак вёл огромную стаю из шестидесяти собак по каждому извилистому повороту.

He pushed forward, low and eager, but could not gain ground.

Он рвался вперёд, пригнувшись и настойчиво, но не мог продвинуться вперёд.

His body flashed under the pale moon with each powerful leap.

Его тело мелькало под бледной луной при каждом мощном прыжке.

Ahead, the rabbit moved like a ghost, silent and too fast to catch.

Впереди, словно призрак, двигался кролик, бесшумный и слишком быстрый, чтобы его можно было поймать.

All those old instincts—the hunger, the thrill—rushed through Buck.

Все те старые инстинкты — голод, острые ощущения — пронзили Бака.

Humans feel this instinct at times, driven to hunt with gun and bullet.

Иногда люди поддаются этому инстинкту, побуждающему их охотиться с ружьём и пулями.

But Buck felt this feeling on a deeper and more personal level.

Но Бак чувствовал это чувство на более глубоком и личном уровне.

They could not feel the wild in their blood the way Buck could feel it.

Они не могли чувствовать дикость в своей крови так, как её чувствовал Бак.

He chased living meat, ready to kill with his teeth and taste blood.

Он гнался за живым мясом, готовый убивать зубами и пробовать кровь.

His body strained with joy, wanting to bathe in warm red life.

Его тело напряглось от радости, желая искупаться в теплой красной жизни.

A strange joy marks the highest point life can ever reach.

Странная радость отмечает высшую точку, которой может достичь жизнь.

The feeling of a peak where the living forget they are even alive.

Ощущение вершины, где живые вообще забывают, что они живы.

This deep joy touches the artist lost in blazing inspiration.

Эта глубокая радость трогает художника, погруженного в пылающее вдохновение.

This joy seizes the soldier who fights wildly and spares no foe.

Эта радость охватывает солдата, который сражается яростно и не щадит врага.

This joy now claimed Buck as he led the pack in primal hunger.

Эта радость теперь принадлежала Бэку, который возглавлял стаю, охваченную первобытным голодом.

He howled with the ancient wolf-cry, thrilled by the living chase.

Он завыл древним волчьим воем, взволнованный живой погоней.

Buck tapped into the oldest part of himself, lost in the wild.

Бак обратился к самой старой части себя, затерянной в дикой природе.

He reached deep within, past memory, into raw, ancient time.

Он проник глубоко внутрь себя, за пределы памяти, в сырое, древнее время.

A wave of pure life surged through every muscle and tendon.

Волна чистой жизни пронеслась по каждому мускулу и сухожилию.

Each leap shouted that he lived, that he moved through death.

Каждый прыжок кричал, что он жив, что он движется сквозь смерть.

His body soared joyfully over still, cold land that never stirred.

Его тело радостно парило над неподвижной, холодной землей, которая никогда не шевелилась.

Spitz stayed cold and cunning, even in his wildest moments.

Шпиц оставался холодным и хитрым даже в самые дикие моменты.

He left the trail and crossed land where the creek curved wide.

Он сошел с тропы и пересек землю там, где ручей делал широкий изгиб.

Buck, unaware of this, stayed on the rabbit's winding path.

Бак, не подозревая об этом, остался на извилистой тропе кролика.

Then, as Buck rounded a bend, the ghost-like rabbit was before him.

Затем, когда Бак свернул за поворот, перед ним возник похожий на призрака кролик.

He saw a second figure leap from the bank ahead of the prey.

Он увидел, как вторая фигура выпрыгнула из воды впереди добычи.

The figure was Spitz, landing right in the path of the fleeing rabbit.

Это был Шпиц, приземлившийся прямо на пути убегающего кролика.

The rabbit could not turn and met Spitz's jaws in mid-air.

Кролик не смог повернуться и в воздухе встретился с челюстями Шпица.

The rabbit's spine broke with a shriek as sharp as a dying human's cry.

Позвоночник кролика сломался с криком, таким же резким, как крик умирающего человека.

At that sound—the fall from life to death—the pack howled loud.

При этом звуке — падении из жизни в смерть — стая громко взвыла.

A savage chorus rose from behind Buck, full of dark delight.

Из-за спины Бака раздался дикий хор, полный темного восторга.

Buck gave no cry, no sound, and charged straight into Spitz.

Бак не издал ни крика, ни звука и бросился прямо на Шпица.

He aimed for the throat, but struck the shoulder instead.

Он целился в горло, но вместо этого попал в плечо.

They tumbled through soft snow; their bodies locked in combat.

Они падали в рыхлый снег, их тела сцепились в схватке.

Spitz sprang up quickly, as if never knocked down at all.

Шпиц быстро вскочил, словно его и не сбивали с ног.

He slashed Buck's shoulder, then leaped clear of the fight.

Он полоснул Бэка по плечу, а затем выскочил из драки.

Twice his teeth snapped like steel traps, lips curled and fierce.

Дважды его зубы щелкали, словно стальные капканы, губы скривились в гримасе ярости.

He backed away slowly, seeking firm ground under his feet.

Он медленно отступил, ища твердую почву под ногами.

Buck understood the moment instantly and fully.

Бак понял этот момент мгновенно и полностью.

The time had come; the fight was going to be a fight to the death.

Пришло время; битва должна была стать смертельным сражением.

The two dogs circled, growling, ears flat, eyes narrowed.

Две собаки кружили, рыча, прижав уши и прищурив глаза.

Each dog waited for the other to show weakness or misstep.

Каждая собака ждала, когда другая проявит слабость или допустит ошибку.

To Buck, the scene felt eerily known and deeply remembered.

Для Бак эта сцена показалась жутко знакомой и глубоко памятной.

The white woods, the cold earth, the battle under moonlight.

Белый лес, холодная земля, битва под лунным светом.

A heavy silence filled the land, deep and unnatural.

Землю наполнила тяжелая тишина, глубокая и неестественная.

No wind stirred, no leaf moved, no sound broke the stillness.

Ни ветерка, ни один листок не шелохнулся, ни один звук не нарушил тишину.

The dogs' breaths rose like smoke in the frozen, quiet air.

Дыхание собак поднималось, словно дым, в морозном, тихом воздухе.

The rabbit was long forgotten by the pack of wild beasts.

Кролик был давно забыт стаей диких зверей.

These half-tamed wolves now stood still in a wide circle.

Теперь эти полуприрученные волки стояли неподвижно, образовав широкий круг.

They were quiet, only their glowing eyes revealed their hunger.

Они молчали, только их горящие глаза выдавали их голод.

Their breath drifted upward, watching the final fight begin.

Их дыхание поднялось, когда они наблюдали за началом финального боя.

To Buck, this battle was old and expected, not strange at all.

Для Бака эта битва была старой и ожидаемой, а вовсе не странной.

It felt like a memory of something always meant to happen.

Это было похоже на воспоминание о чем-то, что всегда должно было произойти.

Spitz was a trained fighting dog, honed by countless wild brawls.

Шпиц был обученной бойцовой собакой, закаленной в бесчисленных диких драках.

From Spitzbergen to Canada, he had mastered many foes.

От Шпицбергена до Канады он одолел множество врагов.

He was filled with fury, but never gave control to rage.

Он был полон ярости, но никогда не позволял себе сдерживать ярость.

His passion was sharp, but always tempered by hard instinct.

Его страсть была острой, но всегда сдерживаемой суровым инстинктом.

He never attacked until his own defense was in place.

Он никогда не нападал, пока не была готова его собственная защита.

Buck tried again and again to reach Spitz's vulnerable neck.

Бак снова и снова пытался дотянуться до уязвимой шеи Шпица.

But every strike was met by a slash from Spitz's sharp teeth.

Но каждый удар встречался резким ударом острых зубов Шпица.

Their fangs clashed, and both dogs bled from torn lips.

Их клыки столкнулись, и из разорванных губ обеих собак потекла кровь.

No matter how Buck lunged, he couldn't break the defense.

Как бы Бак ни нападал, он не мог прорвать оборону.

He grew more furious, rushing in with wild bursts of power.

Он становился все более яростным, бросаясь вперед с дикими порывами силы.

Again and again, Buck struck for the white throat of Spitz.

Снова и снова Бак наносил удары по белому горлу Шпица.

Each time Spitz evaded and struck back with a slicing bite.

Каждый раз Шпиц уклонялся и наносил ответный удар резким укусом.

Then Buck shifted tactics, rushing as if for the throat again.

Затем Бак сменил тактику, снова бросившись вперед, словно целясь в горло.

But he pulled back mid-attack, turning to strike from the side.

Но он отступил в середине атаки, развернувшись, чтобы ударить сбоку.

He threw his shoulder into Spitz, aiming to knock him down.

Он ударил Шпица плечом, намереваясь сбить его с ног.

Each time he tried, Spitz dodged and countered with a slash.

Каждый раз, когда он пытался это сделать, Спиц уклонялся и наносил ответный удар.

Buck's shoulder grew raw as Spitz leapt clear after every hit.

Плечо Бака болело, когда Шпиц отскакивал после каждого удара.

Spitz had not been touched, while Buck bled from many wounds.

Шпица не тронули, а вот Бак истекал кровью из-за многочисленных ран.

Buck's breath came fast and heavy, his body slick with blood.

Дыхание Бака стало частым и тяжелым, его тело стало скользким от крови.

The fight turned more brutal with each bite and charge.

С каждым укусом и атакой драка становилась все более жестокой.

Around them, sixty silent dogs waited for the first to fall.

Вокруг них шестьдесят молчаливых собак ждали, когда упадет первая.

If one dog dropped, the pack were going to finish the fight.

Если бы одна собака упала, стая закончила бы бой.

Spitz saw Buck weakening, and began to press the attack.

Шпиц увидел, что Бак слабеет, и начал усиливать атаку.

He kept Buck off balance, forcing him to fight for footing.

Он лишил Бака равновесия, заставив его бороться за то, чтобы устоять на ногах.

Once Buck stumbled and fell, and all the dogs rose up.

Однажды Бак споткнулся и упал, и все собаки поднялись.

But Buck righted himself mid-fall, and everyone sank back down.

Но Бак выпрямился в середине падения, и все снова опустились на землю.

Buck had something rare—imagination born from deep instinct.

У Бака было нечто редкое — воображение, рожденное глубоким инстинктом.

He fought by natural drive, but he also fought with cunning.

Он сражался, руководствуясь природным инстинктом, но он также сражался и хитростью.

He charged again as if repeating his shoulder attack trick.

Он снова бросился вперед, словно повторяя свой трюк с атакой плечом.

But at the last second, he dropped low and swept beneath Spitz.

Но в последнюю секунду он снизился и пронесся под Шпицем.

His teeth locked on Spitz's front left leg with a snap.

Его зубы с грохотом сомкнулись на передней левой ноге Шпица.

Spitz now stood unsteady, his weight on only three legs.

Теперь Шпиц стоял неустойчиво, опираясь только на три ноги.

Buck struck again, tried three times to bring him down.

Бак снова нанес удар, трижды пытался его повалить.

On the fourth attempt he used the same move with success

В четвертой попытке он успешно применил тот же прием.

This time Buck managed to bite the right leg of Spitz.

На этот раз Баку удалось укусить Шпица за правую ногу.

Spitz, though crippled and in agony, kept struggling to survive.

Шпиц, хотя и был искалечен и находился в агонии, продолжал бороться за выживание.

He saw the circle of huskies tighten, tongues out, eyes glowing.

Он увидел, как круг хаски сжался, высунув языки, и сверкнув глазами.

They waited to devour him, just as they had done to others.

Они ждали, чтобы сожрать его, как и других.

This time, he stood in the center; defeated and doomed.

На этот раз он стоял в центре — побежденный и
обреченный.

There was no option to escape for the white dog now.

Теперь у белой собаки не было возможности сбежать.

**Buck showed no mercy, for mercy did not belong in the
wild.**

Бэк не проявил милосердия, ибо милосердие не
свойственно дикой природе.

Buck moved carefully, setting up for the final charge.

Бак двигался осторожно, готовясь к последней атаке.

The circle of huskies closed in; he felt their warm breaths.

Круг хаски сомкнулся; он чувствовал их теплое дыхание.

**They crouched low, prepared to spring when the moment
came.**

Они пригнулись, готовые прыгнуть, когда наступит
момент.

Spitz quivered in the snow, snarling and shifting his stance.

Шпиц дрожал на снегу, рычал и менял позу.

**His eyes glared, lips curled, teeth flashing in desperate
threat.**

Его глаза сверкали, губы искривились, зубы сверкали в
отчаянной угрозе.

He staggered, still trying to hold off the cold bite of death.

Он пошатнулся, все еще пытаясь удержаться от холодного
укуса смерти.

He had seen this before, but always from the winning side.

Он уже видел подобное раньше, но всегда с победившей
стороны.

Now he was on the losing side; the defeated; the prey; death.

Теперь он оказался на стороне проигравших;
побежденный; добыча; смерть.

**Buck circled for the final blow, the ring of dogs pressed
closer.**

Бэк сделал круг для последнего удара, кольцо собак
сомкнулось.

He could feel their hot breaths; ready for the kill.

Он чувствовал их горячее дыхание, готовясь к убийству.

A stillness fell; all was in its place; time had stopped.

Наступила тишина; все стало на свои места; время остановилось.

Even the cold air between them froze for one last moment.

Даже холодный воздух между ними застыл на один последний миг.

Only Spitz moved, trying to hold off his bitter end.

Только Шпиц пошевелился, пытаясь отсрочить свой горький конец.

The circle of dogs was closing in around him, as was his destiny.

Круг собак смыкался вокруг него, как и его судьба.

He was desperate now, knowing what was about to happen.

Теперь он был в отчаянии, зная, что сейчас произойдет.

Buck sprang in, shoulder met shoulder one last time.

Бак прыгнул вперед, столкнувшись плечом с плечом в последний раз.

The dogs surged forward, covering Spitz in the snowy dark.

Собаки ринулись вперед, скрывая Шпица в снежной темноте.

Buck watched, standing tall; the victor in a savage world.

Бак наблюдал, стоя во весь рост; победитель в диком мире.

The dominant primordial beast had made its kill, and it was good.

Доминирующий первобытный зверь совершил свою добычу, и это было хорошо.

He, Who Has Won to Mastership
Тот, кто достиг мастерства

"Eh? What did I say? I speak true when I say Buck is a devil."
«Э? Что я сказал? Я говорю правду, когда говорю, что Бак — дьявол».

François said this the next morning after finding Spitz missing.
Франсуа сказал это на следующее утро, обнаружив пропажу Шпица.

Buck stood there, covered with wounds from the vicious fight.
Бак стоял там, покрытый ранами, полученными в жестокой схватке.

François pulled Buck near the fire and pointed at the injuries.
Франсуа подтащил Бака к огню и указал на раны.

"That Spitz fought like the Devik," said Perrault, eyeing the deep gashes.
«Этот Шпиц сражался как Девик», — сказал Перро, разглядывая глубокие раны.

"And that Buck fought like two devils," François replied at once.
«И этот Бак дрался как два дьявола», — тут же ответил Франсуа.

"Now we will make good time; no more Spitz, no more trouble."
«Теперь мы отлично проведем время; больше никаких шпицев, никаких проблем».

Perrault was packing the gear and loaded the sled with care.
Перро бережно упаковывал вещи и грузил сани.

François harnessed the dogs in preparation for the day's run.
Франсуа запряг собак, готовясь к дневному забегу.

Buck trotted straight to the lead position once held by Spitz.
Бак рысью помчался прямо на лидирующую позицию, которую когда-то занимал Шпиц.

But François, not noticing, led Solleks forward to the front.

Но Франсуа, не заметив этого, повел Соллекса вперед.

In François's judgment, Solleks was now the best lead-dog.

По мнению Франсуа, Соллекс теперь был лучшим вожаком.

Buck sprang at Solleks in fury and drove him back in protest.

Бак в ярости набросился на Соллекса и в знак протеста отбросил его назад.

He stood where Spitz once had stood, claiming the lead position.

Он встал там, где когда-то стоял Шпиц, заняв лидирующую позицию.

"Eh? Eh?" cried François, slapping his thighs in amusement.

«А? А?» — воскликнул Франсуа, хлопая себя по бедрам от удовольствия.

"Look at Buck—he killed Spitz, now he wants to take the job!"

«Посмотрите на Бака — он убил Шпица, теперь он хочет занять его место!»

"Go away, Chook!" he shouted, trying to drive Buck away.

«Уходи, Чук!» — крикнул он, пытаясь отогнать Бака.

But Buck refused to move and stood firm in the snow.

Но Бак отказался двигаться и твердо стоял на снегу.

François grabbed Buck by the scruff, dragging him aside.

Франсуа схватил Бака за шиворот и оттащил его в сторону.

Buck growled low and threateningly but did not attack.

Бэк тихо и угрожающе зарычал, но не напал.

François put Solleks back in the lead, trying to settle the dispute

Франсуа вернул Соллексу лидерство, пытаясь урегулировать спор

The old dog showed fear of Buck and didn't want to stay.

Старый пес проявил страх перед Бак и не захотел оставаться.

When François turned his back, Buck drove Solleks out again.

Когда Франсуа отвернулся, Бак снова выгнал Соллекса.

Solleks did not resist and quietly stepped aside once more.

Соллекс не сопротивлялся и снова тихо отошел в сторону.

François grew angry and shouted, "By God, I fix you!"

Франсуа разозлился и закричал: «Клянусь Богом, я тебя прикончу!»

He came toward Buck holding a heavy club in his hand.

Он подошел к Бэку, держа в руке тяжелую дубинку.

Buck remembered the man in the red sweater well.

Бак хорошо помнил человека в красном свитере.

He retreated slowly, watching François, but growling deeply.

Он медленно отступил, наблюдая за Франсуа и громко рыча.

He did not rush back, even when Solleks stood in his place.

Он не бросился назад, даже когда Соллекс встал на его место.

Buck circled just beyond reach, snarling in fury and protest.

Бак кружил где-то за пределами досягаемости, рыча от ярости и протеста.

He kept his eyes on the club, ready to dodge if François threw.

Он не сводил глаз с клюшки, готовый увернуться, если Франсуа сделает бросок.

He had grown wise and wary in the ways of men with weapons.

Он стал мудрее и осторожнее в обращении с людьми, имеющими оружие.

François gave up and called Buck to his former place again.

Франсуа сдался и снова позвал Бэка на его прежнее место.

But Buck stepped back cautiously, refusing to obey the order.

Но Бак осторожно отступил, отказавшись подчиниться приказу.

François followed, but Buck only retreated a few steps more.

Франсуа последовал за ним, но Бак отступил лишь на несколько шагов.

After some time, François threw the weapon down in frustration.

Через некоторое время Франсуа в отчаянии бросил оружие.

He thought Buck feared a beating and was going to come quietly.

Он думал, что Бак боится побоев и собирается уйти тихо.

But Buck wasn't avoiding punishment—he was fighting for rank.

Но Бак не избегал наказания — он боролся за звание.

He had earned the lead-dog spot through a fight to the death

Он заслужил место вожака, сражаясь не на жизнь, а на смерть.

he was not going to settle for anything less than being the leader.

он не собирался соглашаться ни на что меньшее, чем быть лидером.

Perrault took a hand in the chase to help catch the rebellious Buck.

Перро принял участие в погоне, чтобы помочь поймать мятежного Бака.

Together, they ran him around the camp for nearly an hour.

Вместе они почти час водили его по лагерю.

They hurled clubs at him, but Buck dodged each one skillfully.

Они бросали в него дубинки, но Бак умело уклонялся от каждого удара.

They cursed him, his ancestors, his descendants, and every hair on him.

Они прокляли его, его предков, его потомков и каждый волос на нем.

But Buck only snarled back and stayed just out of their reach.

Но Бак только зарычал в ответ и держался вне досягаемости.

He never tried to run away but circled the camp deliberately.

Он никогда не пытался убежать, а намеренно кружил вокруг лагеря.

He made it clear he was going to obey once they gave him what he wanted.

Он ясно дал понять, что подчинится, как только ему дадут то, что он хочет.

François finally sat down and scratched his head in frustration.

Наконец Франсуа сел и в отчаянии почесал голову.

Perrault checked his watch, swore, and muttered about lost time.

Перро посмотрел на часы, выругался и пробормотал что-то о потерянном времени.

An hour had already passed when they should have been on the trail.

Прошел уже час, когда они должны были выйти на тропу.

François shrugged sheepishly at the courier, who sighed in defeat.

Франсуа смущенно пожал плечами, глядя на курьера, который вздохнул, признавая свое поражение.

Then François walked to Solleks and called out to Buck once more.

Затем Франсуа подошел к Соллексу и еще раз окликнул Бака.

Buck laughed like a dog laughs, but kept his cautious distance.

Бак рассмеялся, как собака, но сохранил осторожное расстояние.

François removed Solleks's harness and returned him to his spot.

Франсуа снял с Соллекса упряжь и вернул его на место.

The sled team stood fully harnessed, with only one spot unfilled.

Упряжка саней была полностью запряжена, и только одно место оставалось свободным.

The lead position remained empty, clearly meant for Buck alone.

Лидирующая позиция осталась пустой, явно предназначенной для одного Бака.

François called again, and again Buck laughed and held his ground.

Франсуа снова позвал, и снова Бак рассмеялся и остался стоять на месте.

"Throw down the club," Perrault ordered without hesitation.

«Бросай дубинку», — не колеблясь, приказал Перро.

François obeyed, and Buck immediately trotted forward proudly.

Франсуа повиновался, и Бак тут же гордо потрусил вперед.

He laughed triumphantly and stepped into the lead position.

Он торжествующе рассмеялся и вышел на лидирующую позицию.

François secured his traces, and the sled was broken loose.

Франсуа закрепил постромки, и сани отвязались.

Both men ran alongside as the team raced onto the river trail.

Оба мужчины бежали рядом, пока команда мчалась по речной тропе.

François had thought highly of Buck's "two devils,"

Франсуа был высокого мнения о «двух дьяволах» Бэка,

but he soon realized he had actually underestimated the dog.

но вскоре он понял, что на самом деле недооценил собаку.

Buck quickly assumed leadership and performed with excellence.

Бак быстро взял на себя руководство и проявил себя превосходно.

In judgment, quick thinking, and fast action, Buck surpassed Spitz.

В рассудительности, быстроте мышления и действиях Бак превзошел Шпица.

François had never seen a dog equal to what Buck now displayed.

Франсуа никогда не видел собаку, подобную той, которую сейчас демонстрировал Бак.

But Buck truly excelled in enforcing order and commanding respect.

Но Бак действительно преуспел в поддержании порядка и завоевании уважения.

Dave and Solleks accepted the change without concern or protest.

Дэйв и Соллекс приняли изменения без беспокойства или протеста.

They focused only on work and pulling hard in the reins.

Они сосредоточились только на работе и на том, чтобы крепко держать поводья.

They cared little who led, so long as the sled kept moving.

Их мало заботило, кто идет впереди, лишь бы сани продолжали движение.

Billee, the cheerful one, could have led for all they cared.

Билли, жизнерадостный парень, мог бы быть лидером, если бы им было все равно.

What mattered to them was peace and order in the ranks.

Для них важен был мир и порядок в рядах.

The rest of the team had grown unruly during Spitz's decline.

Остальная часть команды стала неуправляемой из-за упадка Шпица.

They were shocked when Buck immediately brought them to order.

Они были шокированы, когда Бак немедленно призвал их к порядку.

Pike had always been lazy and dragging his feet behind Buck.

Пайк всегда был ленивым и еле волочил ноги за Баком.

But now was sharply disciplined by the new leadership.

Но теперь новое руководство приняло жесткие меры дисциплинарного воздействия.

And he quickly learned to pull his weight in the team.

И он быстро научился вносить свой вклад в команду.

By the end of the day, Pike worked harder than ever before.

К концу дня Пайк работал усерднее, чем когда-либо прежде.

That night in camp, Joe, the sour dog, was finally subdued.

В ту ночь в лагере Джо, ворчливый пес, наконец-то был усмирен.

Spitz had failed to discipline him, but Buck did not fail.

Шпиц не сумел его дисциплинировать, но Бак не подвел.

Using his greater weight, Buck overwhelmed Joe in seconds.

Используя свой больший вес, Бак за считанные секунды одолел Джо.

He bit and battered Joe until he whimpered and ceased resisting.

Он кусал и избивал Джо до тех пор, пока тот не заскулил и не перестал сопротивляться.

The whole team improved from that moment on.

С этого момента вся команда пошла на поправку.

The dogs regained their old unity and discipline.

Собаки вновь обрели прежнее единство и дисциплину.

At Rink Rapids, two new native huskies, Teek and Koona, joined.

В Rink Rapids к ним присоединились две новые местные лайки — Тик и Куна.

Buck's swift training of them astonished even François.

Быстрота, с которой Бак их обучил, удивила даже Франсуа.

"Never was there such a dog as that Buck!" he cried in amazement.

«Никогда не было такой собаки, как этот Бак!» — воскликнул он в изумлении.

"No, never! He's worth one thousand dollars, by God!"

«Нет, никогда! Он стоит тысячу долларов, ей-богу!»

"Eh? What do you say, Perrault?" he asked with pride.

«А? Что ты скажешь, Перро?» — спросил он с гордостью.

Perrault nodded in agreement and checked his notes.

Перро кивнул в знак согласия и проверил свои записи.

We're already ahead of schedule and gaining more each day.

Мы уже опережаем график и добиваемся большего с каждым днем.

The trail was hard-packed and smooth, with no fresh snow.

Тропа была укатанной и ровной, без свежего снега.

The cold was steady, hovering at fifty below zero throughout.

Мороз был устойчивым, температура держалась на отметке в пятьдесят градусов ниже нуля.

The men rode and ran in turns to keep warm and make time.

Мужчины по очереди ехали и бежали, чтобы согреться и выиграть время.

The dogs ran fast with few stops, always pushing forward.

Собаки бежали быстро, почти не останавливаясь, все время устремляясь вперед.

The Thirty Mile River was mostly frozen and easy to travel across.

Река Тридцатая Миля почти полностью замерзла, и ее было легко пересечь.

They went out in one day what had taken ten days coming in.

Они ушли за один день, хотя на подготовку у них ушло десять дней.

They made a sixty-mile dash from Lake Le Barge to White Horse.

Они совершили шестидесятимильный рывок от озера Ле-Барж до Уайт-Хорс.

Across Marsh, Tagish, and Bennett Lakes they moved incredibly fast.

Через озера Марш, Тагиш и Беннетт они двигались невероятно быстро.

The running man towed behind the sled on a rope.

Бегущий человек тащил сани на веревке.

On the last night of week two they got to their destination.

В последний вечер второй недели они добрались до места назначения.

They had reached the top of White Pass together.

Вместе они достигли вершины Уайт-Пасс.

They dropped down to sea level with Skaguay's lights below them.

Они снизились до уровня моря, а огни Скагуая остались внизу.

It had been a record-setting run across miles of cold wilderness.

Это был рекордный забег по многокилометровой холодной пустыне.

For fourteen days straight, they averaged a strong forty miles.

В течение четырнадцати дней подряд они в среднем проходили по сорок миль.

In Skaguay, Perrault and François moved cargo through town.

В Скагуае Перро и Франсуа перевозили грузы по городу.

They were cheered and offered many drinks by admiring crowds.

Восхищенная толпа приветствовала их и предложила им множество напитков.

Dog-busters and workers gathered around the famous dog team.

Охотники за собаками и рабочие собрались вокруг знаменитой собачьей команды.

Then western outlaws came to town and met violent defeat.

Затем в город пришли западные преступники и потерпели жестокое поражение.

The people soon forgot the team and focused on new drama.

Люди вскоре забыли о команде и сосредоточились на новой драме.

Then came the new orders that changed everything at once.

Затем пришли новые приказы, которые сразу все изменили.

François called Buck to him and hugged him with tearful pride.

Франсуа подозвал к себе Бэка и обнял его со слезами гордости.

That moment was the last time Buck ever saw François again.

В этот момент Бак в последний раз видел Франсуа.

Like many men before, both François and Perrault were gone.

Как и многие другие мужчины до него, Франсуа и Перро ушли из жизни.

A Scotch half-breed took charge of Buck and his sled dog teammates.

Шотландский метис взял под опеку Бака и его товарищей по упряжке.

With a dozen other dog teams, they returned along the trail to Dawson.

Вместе с дюжиной других собачьих упряжек они вернулись по тропе в Доусон.

It was no fast run now—just heavy toil with a heavy load each day.

Теперь это был уже не быстрый бег, а просто тяжелый труд с тяжелым грузом каждый день.

This was the mail train, bringing word to gold hunters near the Pole.

Это был почтовый поезд, доставляющий вести охотникам за золотом, находящимся у полюса.

Buck disliked the work but bore it well, taking pride in his effort.

Баку эта работа не нравилась, но он хорошо ее переносил, гордясь своими усилиями.

Like Dave and Solleks, Buck showed devotion to every daily task.

Подобно Дэйву и Соллексу, Бак проявлял преданность каждому ежедневному заданию.

He made sure his teammates each pulled their fair weight.

Он следил за тем, чтобы каждый из его товарищей по команде выполнял свою часть работы.

Trail life became dull, repeated with the precision of a machine.

Жизнь на тропе стала скучной и повторялась с точностью машины.

Each day felt the same, one morning blending into the next.

Каждый день был похож на предыдущий, одно утро сменялось другим.

At the same hour, the cooks rose to build fires and prepare food.

В тот же час встали повара, чтобы развести костры и приготовить еду.

After breakfast, some left camp while others harnessed the dogs.

После завтрака некоторые покинули лагерь, а другие запрягли собак.

They hit the trail before the dim warning of dawn touched the sky.

Они отправились в путь еще до того, как на небе забрезжили первые проблески рассвета.

At night, they stopped to make camp, each man with a set duty.

Ночью они остановились, чтобы разбить лагерь, и у каждого человека была определенная обязанность.

Some pitched the tents, others cut firewood and gathered pine boughs.

Одни ставили палатки, другие рубили дрова и собирали сосновые ветки.

Water or ice was carried back to the cooks for the evening meal.

Воду или лед приносили поварам для вечернего приема пищи.

The dogs were fed, and this was the best part of the day for them.

Собак покормили, и для них это была лучшая часть дня.

After eating fish, the dogs relaxed and lounged near the fire.

Поев рыбы, собаки расслабились и расположились возле костра.

There were a hundred other dogs in the convoy to mingle with.

В колонне было еще около сотни собак, с которыми можно было пообщаться.

Many of those dogs were fierce and quick to fight without warning.

Многие из этих собак были свирепы и бросались в драку без предупреждения.

But after three wins, Buck mastered even the fiercest fighters.

Но после трех побед Бак одолел даже самых свирепых бойцов.

Now when Buck growled and showed his teeth, they stepped aside.

Теперь, когда Бак зарычал и оскалил зубы, они отступили в сторону.

Perhaps best of all, Buck loved lying near the flickering campfire.

Возможно, больше всего Бак нравилось лежать у мерцающего костра.

He crouched with hind legs tucked and front legs stretched ahead.

Он присел, поджав задние ноги и вытянув передние вперед.

His head was raised as he blinked softly at the glowing flames.

Он поднял голову и тихонько моргнул, глядя на яркое пламя.

Sometimes he recalled Judge Miller's big house in Santa Clara.

Иногда он вспоминал большой дом судьи Миллера в Санта-Кларе.

He thought of the cement pool, of Ysabel, and the pug called Toots.

Он подумал о цементном бассейне, об Изабель и мопсе по кличке Тутс.

But more often he remembered the man with the red sweater's club.

Но чаще всего он вспоминал человека в красном свитере с дубинкой.

He remembered Curly's death and his fierce battle with Spitz.

Он вспомнил смерть Кёрли и его жестокую битву со Шпицем.

He also recalled the good food he had eaten or still dreamed of.

Он также вспомнил вкусную еду, которую он ел или о которой все еще мечтал.

Buck was not homesick — the warm valley was distant and unreal.

Бак не тосковал по дому — теплая долина была далекой и нереальной.

Memories of California no longer held any real pull over him.

Воспоминания о Калифорнии больше не имели над ним никакого влияния.

Stronger than memory were instincts deep in his bloodline.

Инстинкты, глубоко укоренившиеся в его роду, были сильнее памяти.

Habits once lost had returned, revived by the trail and the wild.

Вернулись некогда утраченные привычки, возрожденные тропой и дикой природой.

As Buck watched the firelight, it sometimes became something else.

Когда Бак смотрел на свет костра, он порой становился чем-то другим.

He saw in the firelight another fire, older and deeper than the present one.

В свете костра он увидел еще один огонь, более старый и глубокий, чем нынешний.

Beside that other fire crouched a man unlike the half-breed cook.

Возле другого костра присел человек, непохожий на повара-полукровку.

This figure had short legs, long arms, and hard, knotted muscles.

У этой фигуры были короткие ноги, длинные руки и крепкие, узловатые мышцы.

His hair was long and matted, sloping backward from the eyes.

Волосы у него были длинные и спутанные, зачесанные назад от глаз.

He made strange sounds and stared out in fear at the darkness.

Он издавал странные звуки и со страхом смотрел в темноту.

He held a stone club low, gripped tightly in his long rough hand.

Он держал каменную дубинку низко, крепко сжимая ее в своей длинной грубой руке.

The man wore little; just a charred skin that hung down his back.

На мужчине было мало одежды: только обугленная кожа свисала со спины.

His body was covered with thick hair across arms, chest, and thighs.

Его тело было покрыто густыми волосами на руках, груди и бедрах.

Some parts of the hair were tangled into patches of rough fur.

Некоторые части волос спутались в клочья грубой шерсти.

He did not stand straight but bent forward from the hips to knees.

Он не стоял прямо, а наклонился вперед от бедер до колен.

His steps were springy and catlike, as if always ready to leap.

Его шаги были пружинистыми и кошачьими, словно он всегда был готов к прыжку.

There was a sharp alertness, like he lived in constant fear.

Он чувствовал острую настороженность, как будто жил в постоянном страхе.

This ancient man seemed to expect danger, whether the danger was seen or not.

Этот древний человек, казалось, ожидал опасности, независимо от того, была ли она заметна или нет.

At times the hairy man slept by the fire, head tucked between legs.

Иногда волосатый человек спал у огня, засунув голову между ног.

His elbows rested on his knees, hands clasped above his head.

Его локти опирались на колени, руки были сложены над головой.

Like a dog he used his hairy arms to shed off the falling rain.

Как собака, он использовал свои волосатые руки, чтобы защититься от падающего дождя.

Beyond the firelight, Buck saw twin coals glowing in the dark.

За светом костра Бак увидел два светящихся в темноте угля.

Always two by two, they were the eyes of stalking beasts of prey.

Всегда попарно, они были глазами преследующих их хищников.

He heard bodies crash through brush and sounds made in the night.

Он слышал, как сквозь кусты пробираются тела, и какие-то звуки раздавались в ночи.

Lying on the Yukon bank, blinking, Buck dreamed by the fire.

Лежа на берегу Юкона и моргая, Бак мечтал у костра.

The sights and sounds of that wild world made his hair stand up.

Виды и звуки этого дикого мира заставили его волосы встать дыбом.

The fur rose along his back, his shoulders, and up his neck.

Мех поднялся по его спине, плечам и шее.

He whimpered softly or gave a low growl deep in his chest.

Он тихонько скулил или издавал низкий рык глубоко в груди.

Then the half-breed cook shouted, "Hey, you Buck, wake up!"

И тут повар-метис крикнул: «Эй, Бак, просыпайся!»

The dream world vanished, and real life returned to Buck's eyes.

Мир грёз исчез, и в глазах Бака вновь заиграла реальная жизнь.

He was going to get up, stretch, and yawn, as if woken from a nap.

Он собирался встать, потянуться и зевнуть, как будто проснулся.

The trip was hard, with the mail sled dragging behind them.

Путешествие было тяжелым, почтовые сани тащились за ними.

Heavy loads and tough work wore down the dogs each long day.

Тяжелые грузы и тяжелая работа изнуряли собак каждый долгий день.

They reached Dawson thin, tired, and needing over a week's rest.

Они добрались до Доусона истощенными, уставшими и нуждавшимися в недельном отдыхе.

But only two days later, they set out down the Yukon again.

Но всего через два дня они снова двинулись вниз по Юкону.

They were loaded with more letters bound for the outside world.

Они были загружены письмами, предназначенными для внешнего мира.

The dogs were exhausted and the men were complaining constantly.

Собаки были измотаны, а люди постоянно жаловались.

Snow fell every day, softening the trail and slowing the sleds.

Снег падал каждый день, размывая тропу и замедляя движение саней.

This made for harder pulling and more drag on the runners.

Это приводило к более сильному натяжению и большему сопротивлению полозьев.

Despite that, the drivers were fair and cared for their teams.

Несмотря на это, гонщики были справедливы и заботились о своих командах.

Each night, the dogs were fed before the men got to eat.

Каждый вечер собак кормили до того, как приступать к еде получали мужчины.

No man slept before checking the feet of his own dog's.

Ни один человек не ложится спать, не проверив лапы своей собаки.

Still, the dogs grew weaker as the miles wore on their bodies.

Тем не менее, собаки слабели по мере того, как мили изнуряли их.

They had traveled eighteen hundred miles through the winter.

За зиму они прошли тысячу восемьсот миль.

They pulled sleds across every mile of that brutal distance.

Они тащили сани через каждую милю этого сурового расстояния.

Even the toughest sled dogs feel strain after so many miles.

Даже самые выносливые ездовые собаки чувствуют усталость после стольких миль.

Buck held on, kept his team working, and maintained discipline.

Бак держался, заставлял свою команду работать и поддерживал дисциплину.

But Buck was tired, just like the others on the long journey.

Но Бак устал, как и все остальные, проделавшие долгий путь.

Billee whimpered and cried in his sleep each night without fail.

Билли каждую ночь скулил и плакал во сне.

Joe grew even more bitter, and Solleks stayed cold and distant.

Джо стал еще более озлобленным, а Соллекс оставался холодным и отстраненным.

But it was Dave who suffered the worst out of the entire team.

Но больше всех из всей команды пострадал Дэйв.

Something had gone wrong inside him, though no one knew what.

Что-то внутри него пошло не так, хотя никто не знал, что именно.

He became moodier and snapped at others with growing anger.

Он стал более угрюмым и с нарастающим гневом огрызался на других.

Each night he went straight to his nest, waiting to be fed.

Каждую ночь он шел прямо в свое гнездо, ожидая, когда его покормят.

Once he was down, Dave did not get up again till morning.

Оказавшись внизу, Дэйв не вставал до утра.

On the reins, sudden jerks or starts made him cry out in pain.

Внезапные рывки или толчки вожжей заставляли его кричать от боли.

His driver searched for the cause, but found no injury on him.

Его водитель искал причину, но не обнаружил у него никаких травм.

All the drivers began watching Dave and discussed his case.

Все водители стали наблюдать за Дэйвом и обсуждать его случай.

They talked at meals and during their final smoke of the day.

Они разговаривали за едой и во время последней за день выкуренной сигареты.

One night they held a meeting and brought Dave to the fire.

Однажды ночью они провели собрание и привели Дэйва к огню.

They pressed and probed his body, and he cried out often.

Они надавливали и ощупывали его тело, и он часто кричал.

Clearly, something was wrong, though no bones seemed broken.

Очевидно, что-то было не так, хотя кости, похоже, не были сломаны.

By the time they reached Cassiar Bar, Dave was falling down.

К тому времени, как они добрались до бара «Кассиар», Дэйв начал падать.

The Scotch half-breed called a halt and removed Dave from the team.

Шотландский полукровка объявил остановку и исключил Дэйва из команды.

He fastened Solleks in Dave's place, closest to the sled's front.

Он пристегнул «Соллекс» на место Дэйва, ближе к передней части саней.

He meant to let Dave rest and run free behind the moving sled.

Он хотел дать Дэйву отдохнуть и свободно побежать за движущимися санями.

But even sick, Dave hated being taken from the job he had owned.

Но даже будучи больным, Дэйв ненавидел, когда его лишали работы, которой он владел.

He growled and whimpered as the reins were pulled from his body.

Он зарычал и заскулил, когда поводья выдернули из его тела.

When he saw Solleks in his place, he cried with broken-hearted pain.

Когда он увидел Соллекса на своем месте, он заплакал от разрыва сердца.

The pride of trail work was deep in Dave, even as death approached.

Гордость за пройденный путь не покидала Дэйва даже перед лицом приближающейся смерти.

As the sled moved, Dave floundered through soft snow near the trail.

Пока сани двигались, Дэйв барахтался в рыхлом снегу возле тропы.

He attacked Solleks, biting and pushing him from the sled's side.

Он напал на Соллекса, кусая и отталкивая его от саней.

Dave tried to leap into the harness and reclaim his working spot.

Дэйв попытался запрыгнуть в упряжь и вернуть себе рабочее место.

He yelped, whined, and cried, torn between pain and pride in labor.

Он визжал, скулил и плакал, разрываясь между болью и гордостью за роды.

The half-breed used his whip to try driving Dave away from the team.

Метис использовал свой хлыст, чтобы попытаться отогнать Дэйва от команды.

But Dave ignored the lash, and the man couldn't strike him harder.

Но Дэйв проигнорировал удар, и мужчина не смог ударить его сильнее.

Dave refused the easier path behind the sled, where snow was packed.

Дэйв отказался от более легкого пути за санями, где был утрамбованный снег.

Instead, he struggled in the deep snow beside the trail, in misery.

Вместо этого он в отчаянии барахтался в глубоком снегу рядом с тропой.

Eventually, Dave collapsed, lying in the snow and howling in pain.

В конце концов Дэйв рухнул на снег и завыл от боли.

He cried out as the long train of sleds passed him one by one.

Он вскрикнул, когда длинный караван саней проезжал мимо него один за другим.

Still, with what strength remained, he rose and stumbled after them.

Но, собрав последние силы, он поднялся и, спотыкаясь, пошёл за ними.

He caught up when the train stopped again and found his old sled.

Он догнал его, когда поезд снова остановился, и нашел свои старые сани.

He floundered past the other teams and stood beside Solleks again.

Он протиснулся мимо других команд и снова встал рядом с Соллексом.

As the driver paused to light his pipe, Dave took his last chance.

Пока водитель останавливался, чтобы раскурить трубку, Дэйв воспользовался своим последним шансом.

When the driver returned and shouted, the team didn't move forward.

Когда водитель вернулся и крикнул, команда не двинулась дальше.

The dogs had turned their heads, confused by the sudden stoppage.

Собаки повернули головы, сбитые с толку внезапной остановкой.

The driver was shocked too—the sled hadn't moved an inch forward.

Водитель тоже был шокирован — сани не сдвинулись ни на дюйм вперед.

He called out to the others to come and see what had happened.

Он позвал остальных посмотреть, что случилось.

Dave had chewed through Solleks's reins, breaking both apart.

Дэйв перегрыз поводья Соллекса, сломав их пополам.

Now he stood in front of the sled, back in his rightful position.

Теперь он стоял перед санями, снова заняв свое законное место.

Dave looked up at the driver, silently pleading to stay in the traces.

Дэйв посмотрел на водителя, молча умоляя его не съезжать с трассы.

The driver was puzzled, unsure of what to do for the struggling dog.

Водитель был озадачен, не зная, что делать с борющейся собакой.

The other men spoke of dogs who had died from being taken out.

Другие мужчины говорили о собаках, которые погибли из-за того, что их вывели на улицу.

They told of old or injured dogs whose hearts broke when left behind.

Они рассказывали о старых или раненых собаках, чьи сердца разрывались, когда их оставляли дома.

They agreed it was mercy to let Dave die while still in his harness.

Они согласились, что было бы милосердием позволить Дэйву умереть, все еще находясь в своей упряжи.

He was fastened back onto the sled, and Dave pulled with pride.

Его снова пристегнули к саням, и Дэйв с гордостью потянул их.

Though he cried out at times, he worked as if pain could be ignored.

Хотя он иногда и кричал, он работал так, как будто боль можно было игнорировать.

More than once he fell and was dragged before rising again.

Не раз он падал, и его тащили, прежде чем он снова поднялся.

Once, the sled rolled over him, and he limped from that moment on.

Однажды сани перевернулись через него, и с тех пор он хромал.

Still, he worked until camp was reached, and then lay by the fire.

Тем не менее он работал, пока не добрался до лагеря, а затем лег у костра.

By morning, Dave was too weak to travel or even stand upright.

К утру Дэйв был слишком слаб, чтобы идти или даже стоять прямо.

At harness-up time, he tried to reach his driver with trembling effort.

Когда пришло время запрягать лошадей, он с дрожью в голосе попытался дотянуться до водителя.

He forced himself up, staggered, and collapsed onto the snowy ground.

Он заставил себя подняться, пошатнулся и рухнул на заснеженную землю.

Using his front legs, he dragged his body toward the harnessing area.

Используя передние ноги, он подтащил свое тело к месту упряжи.

He hitched himself forward, inch by inch, toward the working dogs.

Он продвигался вперед, дюйм за дюймом, по направлению к рабочим собакам.

His strength gave out, but he kept moving in his last desperate push.

Его силы иссякли, но он продолжал двигаться в своем последнем отчаянном рывке.

His teammates saw him gasping in the snow, still longing to join them.

Его товарищи по команде видели, как он задыхался в снегу, все еще жаждая присоединиться к ним.

They heard him howling with sorrow as they left the camp behind.

Они услышали, как он завыл от горя, когда они покинули лагерь.

As the team vanished into trees, Dave's cry echoed behind them.

Когда команда скрылась за деревьями, позади них раздался крик Дэйва.

The sled train halted briefly after crossing a stretch of river timber.

Санный поезд ненадолго остановился, перейдя через участок речного леса.

The Scotch half-breed walked slowly back toward the camp behind.

Шотландец-метис медленно побрёл обратно к лагерю.

The men stopped speaking when they saw him leave the sled train.

Мужчины замолчали, увидев, как он выходит из саней.

Then a single gunshot rang out clear and sharp across the trail.

Затем над тропой раздался ясный и резкий выстрел.

The man returned quickly and took up his place without a word.

Мужчина быстро вернулся и, не сказав ни слова, занял своё место.

Whips cracked, bells jingled, and the sleds rolled on through snow.

Защёлкали кнуты, зазвенели колокольчики, и сани покатились по снегу.

But Buck knew what had happened—and so did every other dog.

Но Бак знал, что произошло, как и все остальные собаки.

The Toil of Reins and Trail
Труды вожжей и следа

Thirty days after leaving Dawson, the Salt Water Mail reached Skaguay.

Через тридцать дней после выхода из Доусона почта «Солт-Уотер» достигла Скагуая.

Buck and his teammates pulled the lead, arriving in pitiful condition.

Бак и его товарищи по команде вырвались вперед, но прибыли в плачевном состоянии.

Buck had dropped from one hundred forty to one hundred fifteen pounds.

Бак похудел со ста сорока до ста пятнадцати фунтов.

The other dogs, though smaller, had lost even more body weight.

Другие собаки, хотя и были меньше, потеряли еще больше веса.

Pike, once a fake limper, now dragged a truly injured leg behind him.

Пайк, когда-то притворявшийся хромым, теперь волочил за собой по-настоящему травмированную ногу.

Solleks was limping badly, and Dub had a wrenched shoulder blade.

Соллекс сильно хромал, а у Даба была вывихнута лопатка.

Every dog in the team was footsore from weeks on the frozen trail.

У всех собак в команде были стерты ноги после недель ходьбы по замерзшей тропе.

They had no spring left in their steps, only slow, dragging motion.

В их шагах не осталось никакой пружины, только медленное, волочащееся движение.

Their feet hit the trail hard, each step adding more strain to their bodies.

Их ноги тяжело ступали по тропе, и каждый шаг добавлял телу дополнительную нагрузку.

They were not sick, only drained beyond all natural recovery.

Они не были больны, просто истощены настолько, что не могли восстановиться естественным путем.

This was not tiredness from one hard day, cured with a night's rest.

Это не была усталость от одного тяжелого дня, излечившаяся ночным отдыхом.

It was exhaustion built slowly through months of grueling effort.

Это было истощение, постепенно нараставшее в течение месяцев изнурительных усилий.

No reserve strength remained—they had used up every bit they had.

Резервных сил не осталось — они израсходовали все, что имели.

Every muscle, fiber, and cell in their bodies was spent and worn.

Каждая мышца, волокно и клетка в их телах были истощены и изношены.

And there was a reason—they had covered twenty-five hundred miles.

И на то была причина — они преодолели две с половиной тысячи миль.

They had rested only five days during the last eighteen hundred miles.

За последние тысячу восемьсот миль они отдыхали всего пять дней.

When they reached Skaguay, they looked barely able to stand upright.

Когда они добрались до Скагуая, они едва могли стоять на ногах.

They struggled to keep the reins tight and stay ahead of the sled.

Им с трудом удавалось удерживать вожжи натянутыми и оставаться впереди саней.

On downhill slopes, they only managed to avoid being run over.

На спусках им удавалось лишь избегать наездов.

"March on, poor sore feet," the driver said as they limped along.

«Идите вперед, бедные, больные ноги», — сказал водитель, пока они хромали.

"This is the last stretch, then we all get one long rest, for sure."

«Это последний отрезок пути, а потом нам всем обязательно предстоит долгий отдых».

"One truly long rest," he promised, watching them stagger forward.

«Один по-настоящему долгий отдых», — пообещал он, наблюдая, как они, пошатываясь, идут вперед.

The drivers expected they were going to now get a long, needed break.

Водители рассчитывали, что теперь им предоставят длительный и столь необходимый перерыв.

They had traveled twelve hundred miles with only two days' rest.

Они прошли тысячу двести миль, отдохнув всего два дня.

By fairness and reason, they felt they had earned time to relax.

По справедливости и здравому смыслу они посчитали, что заслужили время для отдыха.

But too many had come to the Klondike, and too few had stayed home.

Но слишком многие приехали на Клондайк, и слишком немногие остались дома.

Letters from families flooded in, creating piles of delayed mail.

Письма от семей хлынули потоком, создавая горы задержанной почты.

Official orders arrived—new Hudson Bay dogs were going to take over.

Поступил официальный приказ — на смену собакам Гудзонова залива пришли новые.

The exhausted dogs, now called worthless, were to be disposed of.

Измученных собак, которых теперь называли бесполезными, подлежали уничтожению.

Since money mattered more than dogs, they were going to be sold cheaply.

Поскольку деньги значили больше, чем собаки, их собирались продать по дешёвке.

Three more days passed before the dogs felt just how weak they were.

Прошло еще три дня, прежде чем собаки почувствовали, насколько они слабы.

On the fourth morning, two men from the States bought the whole team.

На четвертое утро двое мужчин из Штатов выкупили всю команду.

The sale included all the dogs, plus their worn harness gear.

В продажу были включены все собаки, а также их изношенная упряжь.

The men called each other "Hal" and "Charles" as they completed the deal.

Завершая сделку, мужчины называли друг друга «Хэл» и «Чарльз».

Charles was middle-aged, pale, with limp lips and fierce mustache tips.

Чарльз был человеком средних лет, бледным, с вялыми губами и жесткими кончиками усов.

Hal was a young man, maybe nineteen, wearing a cartridge-stuffed belt.

Хэл был молодым человеком лет девятнадцати, носившим пояс, набитый патронами.

The belt held a big revolver and a hunting knife, both unused.

На поясе висели большой револьвер и охотничий нож, оба неиспользованные.

It showed how inexperienced and unfit he was for northern life.

Это показало, насколько он неопытен и неприспособлен к жизни на Севере.

Neither man belonged in the wild; their presence defied all reason.

Ни один из них не принадлежал дикой природе; их присутствие противоречило всякому здравому смыслу.

Buck watched as money exchanged hands between buyer and agent.

Бак наблюдал, как деньги передавались из рук в руки между покупателем и агентом.

He knew the mail-train drivers were leaving his life like the rest.

Он знал, что машинисты почтовых поездов покидают его жизнь, как и все остальные.

They followed Perrault and François, now gone beyond recall.

Они последовали за Перро и Франсуа, которых теперь уже невозможно вспомнить.

Buck and the team were led to their new owners' sloppy camp.

Бака и команду отвели в грязный лагерь их новых владельцев.

The tent sagged, dishes were dirty, and everything lay in disarray.

Палатка провисла, посуда была грязной, все лежало в беспорядке.

Buck noticed a woman there too—Mercedes, Charles's wife and Hal's sister.

Бак заметил там еще одну женщину — Мерседес, жену Чарльза и сестру Хэла.

They made a complete family, though far from suited to the trail.

Они были полноценной семьей, хотя и не совсем подходили для похода.

Buck watched nervously as the trio started packing the supplies.

Бак нервно наблюдал, как троица начала упаковывать припасы.

They worked hard but without order — just fuss and wasted effort.

Они работали усердно, но без всякого порядка — только суета и напрасная трата сил.

The tent was rolled into a bulky shape, far too large for the sled.

Палатка была свернута в громоздкую форму, слишком большую для саней.

Dirty dishes were packed without being cleaned or dried at all.

Грязную посуду упаковывали, не вымыв и не высушивая.

Mercedes fluttered about, constantly talking, correcting, and meddling.

Мерседес порхала вокруг, постоянно что-то говоря, поправляя и вмешиваясь.

When a sack was placed on front, she insisted it go on the back.

Когда мешок положили спереди, она настояла, чтобы его повесили сзади.

She packed the sack in the bottom, and the next moment she needed it.

Она положила мешок на дно, и в следующий момент он ей понадобился.

So the sled was unpacked again to reach the one specific bag.

Поэтому сани пришлось снова распаковать, чтобы добраться до одной конкретной сумки.

Nearby, three men stood outside a tent, watching the scene unfold.

Неподалеку от палатки стояли трое мужчин, наблюдая за происходящим.

They smiled, winked, and grinned at the newcomers' obvious confusion.

Они улыбались, подмигивали и ухмылялись, видя явное замешательство новичков.

"You've got a right heavy load already," said one of the men.

«У тебя и так уже тяжелый груз», — сказал один из мужчин.

"I don't think you should carry that tent, but it's your choice."

«Я не думаю, что тебе следует нести эту палатку, но это твой выбор».

"Undreamed of!" cried Mercedes, throwing up her hands in despair.

«Невероятно!» — воскликнула Мерседес, в отчаянии всплеснув руками.

"How could I possibly travel without a tent to stay under?"

«Как я смогу путешествовать без палатки, под которой можно было бы ночевать?»

"It's springtime—you won't see cold weather again," the man replied.

«Наступила весна, холодов больше не будет», — ответил мужчина.

But she shook her head, and they kept piling items onto the sled.

Но она покачала головой, и они продолжили складывать вещи на сани.

The load towered dangerously high as they added the final things.

Когда они добавили последние вещи, груз поднялся опасно высоко.

"Think the sled will ride?" asked one of the men with a skeptical look.

«Как думаешь, сани поедут?» — спросил один из мужчин со скептическим видом.

"Why shouldn't it?" Charles snapped back with sharp annoyance.

«Почему бы и нет?» — резко возразил Чарльз.

"Oh, that's all right," the man said quickly, backing away from offense.

«О, все в порядке», — быстро сказал мужчина, уходя от обиды.

"I was only wondering—it just looked a bit too top-heavy to me."

«Я просто задался вопросом — мне показалось, что верхняя часть слишком перегружена».

Charles turned away and tied down the load as best as he could.

Чарльз отвернулся и привязал груз так крепко, как только мог.

But the lashings were loose and the packing poorly done overall.

Однако крепления были ослаблены, а упаковка в целом была выполнена плохо.

"Sure, the dogs will pull that all day," another man said sarcastically.

«Конечно, собаки будут тащить это весь день», — саркастически заметил другой мужчина.

"Of course," Hal replied coldly, grabbing the sled's long gee-pole.

«Конечно», — холодно ответил Хэл, хватаясь за длинную дышло саней.

With one hand on the pole, he swung the whip in the other.

Держа одну руку на шесте, он размахивал кнутом в другой руке.

"Let's go!" he shouted. "Move it!" urging the dogs to start.

«Пошли!» — крикнул он. «Пошевеливайся!» — подгоняя собак.

The dogs leaned into the harness and strained for a few moments.

Собаки напряглись и несколько мгновений напрягались.

Then they stopped, unable to budge the overloaded sled an inch.

Затем они остановились, не в силах сдвинуть перегруженные сани ни на дюйм.

"The lazy brutes!" Hal yelled, lifting the whip to strike them.

«Ленивые скоты!» — закричал Хэл, занося кнут, чтобы ударить их.

But Mercedes rushed in and seized the whip from Hal's hands.

Но Мерседес ворвалась и выхватила хлыст из рук Хэла.

"Oh, Hal, don't you dare hurt them," she cried in alarm.

«О, Хэл, не смей причинять им боль», — встревоженно закричала она.

"Promise me you'll be kind to them, or I won't go another step."

«Пообещай мне, что будешь добр к ним, иначе я не сделаю ни шагу».

"You don't know a thing about dogs," Hal snapped at his sister.

«Ты ничего не знаешь о собаках», — рявкнул Хэл на сестру.

"They're lazy, and the only way to move them is to whip them."

«Они ленивы, и единственный способ их сдвинуть с места — это хлестать».

"Ask anyone—ask one of those men over there if you doubt me."

«Спросите любого — спросите одного из тех мужчин, если вы сомневаетесь во мне».

Mercedes looked at the onlookers with pleading, tearful eyes.

Мерседес смотрела на зрителей умоляющими, полными слез глазами.

Her face showed how deeply she hated the sight of any pain.

По ее лицу было видно, как сильно она ненавидела вид любой боли.

"They're weak, that's all," one man said. "They're worn out."

«Они слабы, вот и все», — сказал один мужчина. «Они измотаны».

"They need rest—they've been worked too long without a break."

«Им нужен отдых — они слишком долго работали без перерыва».

"Rest be cursed," Hal muttered with his lip curled.

«Будь проклят остальной мир», — пробормотал Хэл, скривив губы.

Mercedes gasped, clearly pained by the coarse word from him.

Мерседес ахнула, явно задетая его грубым словом.

Still, she stayed loyal and instantly defended her brother.

Тем не менее, она осталась верна брату и сразу же встала на его защиту.

"Don't mind that man," she said to Hal. "They're our dogs."

«Не обращай внимания на этого человека», — сказала она Хэлу. «Это наши собаки».

"You drive them as you see fit — do what you think is right."

«Вы управляете ими так, как считаете нужным, — делаете то, что считаете правильным».

Hal raised the whip and struck the dogs again without mercy.

Хэл поднял хлыст и снова безжалостно ударил собак.

They lunged forward, bodies low, feet pushing into the snow.

Они бросились вперед, пригнувшись и упираясь ногами в снег.

All their strength went into the pull, but the sled wasn't moving.

Все силы были брошены на то, чтобы тянуть сани, но они не двигались с места.

The sled stayed stuck, like an anchor frozen into the packed snow.

Сани застряли, словно якорь, вмерзший в утрамбованный снег.

After a second effort, the dogs stopped again, panting hard.

После второй попытки собаки снова остановились, тяжело дыша.

Hal raised the whip once more, just as Mercedes interfered again.

Хэл снова поднял хлыст, но тут снова вмешалась Мерседес.

She dropped to her knees in front of Buck and hugged his neck.

Она опустилась на колени перед Баком и обняла его за шею.

Tears filled her eyes as she pleaded with the exhausted dog.

Слезы наполнили ее глаза, когда она умоляла измученную собаку.

"You poor dears," she said, "why don't you just pull harder?"

«Бедняжки, — сказала она, — почему бы вам просто не потянуть сильнее?»

"If you pull, then you won't get to be whipped like this."

«Если ты потянешь, то тебя не будут так хлестать».

Buck disliked Mercedes, but he was too tired to resist her now.

Бэку не нравилась Мерседес, но он слишком устал, чтобы сопротивляться ей.

He accepted her tears as just another part of the miserable day.

Он воспринял ее слезы как еще одну часть этого ужасного дня.

One of the watching men finally spoke after holding back his anger.

Один из наблюдавших за происходящим мужчин наконец заговорил, сдерживая свой гнев.

"I don't care what happens to you folks, but those dogs matter."

«Мне все равно, что с вами случится, но эти собаки имеют значение».

"If you want to help, break that sled loose—it's frozen to the snow."

«Если хочешь помочь, отцепи эти сани — они примерзли к снегу».

"Push hard on the gee-pole, right and left, and break the ice seal."

«Надавите на столб справа и слева и сломайте ледяную корку».

A third attempt was made, this time following the man's suggestion.

Третья попытка была предпринята, на этот раз по предложению мужчины.

Hal rocked the sled from side to side, breaking the runners loose.

Хэл раскачивал сани из стороны в сторону, отчего полозья расшатывались.

The sled, though overloaded and awkward, finally lurched forward.

Сани, хотя и перегруженные и неуклюжие, наконец двинулись вперед.

Buck and the others pulled wildly, driven by a storm of whiplashes.

Бак и остальные рванули изо всех сил, подгоняемые ураганом хлыстовых ударов.

A hundred yards ahead, the trail curved and sloped into the street.

В сотне ярдов впереди тропа изгибалась и спускалась к улице.

It was going to have taken a skilled driver to keep the sled upright.

Чтобы удерживать сани в вертикальном положении, требовался опытный водитель.

Hal was not skilled, and the sled tipped as it swung around the bend.

У Хэла не было опыта, и сани накренились на повороте.

Loose lashings gave way, and half the load spilled onto the snow.

Ослабленные крепления не выдержали, и половина груза вывалилась на снег.

The dogs did not stop; the lighter sled flew along on its side.

Собаки не остановились; более легкие сани полетели на боку.

Angry from abuse and the heavy burden, the dogs ran faster.

Разозленные оскорблениями и тяжелой ношей, собаки побежали быстрее.

Buck, in fury, broke into a run, with the team following behind.

Бак в ярости бросился бежать, а вся команда побежала за ним.

Hal shouted "Whoa! Whoa!" but the team paid no attention to him.

Хэл закричал: «Ух ты! Ух ты!», но команда не обратила на него внимания.

He tripped, fell, and was dragged along the ground by the harness.

Он споткнулся, упал, и его протащило по земле за упряжь.

The overturned sled bumped over him as the dogs raced on ahead.

Перевернутые сани налетели на него, а собаки мчались вперед.

The rest of the supplies scattered across Skaguay's busy street.

Оставшиеся припасы разбросаны по оживленной улице Скагуая.

Kind-hearted people rushed to stop the dogs and gather the gear.

Добросердечные люди бросились останавливать собак и собирать снаряжение.

They also gave advice, blunt and practical, to the new travelers.

Они также давали новым путешественникам простые и практичные советы.

"If you want to reach Dawson, take half the load and double the dogs."

«Если хочешь добраться до Доусона, возьми половину груза и удвой количество собак».

Hal, Charles, and Mercedes listened, though not with enthusiasm.

Хэл, Чарльз и Мерседес слушали, хотя и без энтузиазма.

They pitched their tent and started sorting through their supplies.

Они разбили палатку и начали разбирать свои припасы.

Out came canned goods, which made onlookers laugh aloud.

На свет появились консервы, вызвавшие громкий смех у прохожих.

"Canned stuff on the trail? You'll starve before that melts," one said.

«Консервы на тропе? Вы умрете с голоду, прежде чем они растают», — сказал один из них.

"Hotel blankets? You're better off throwing them all out."

«Одеяла в отелях? Лучше их все выкинуть».

"Ditch the tent, too, and no one washes dishes here."

«Если убрать палатку, то здесь никто не будет мыть посуду».

"You think you're riding a Pullman train with servants on board?"

«Вы думаете, что едете в пульмановском поезде со слугами на борту?»

The process began—every useless item was tossed to the side.

Процесс начался — все ненужные предметы были отброшены в сторону.

Mercedes cried when her bags were emptied onto the snowy ground.

Мерседес плакала, когда ее вещи высыпались на заснеженную землю.

She sobbed over every item thrown out, one by one without pause.

Она рыдала над каждой выброшенной вещью, одну за другой, не останавливаясь.

She vowed not to go one more step—not even for ten Charleses.

Она поклялась не сделать больше ни шагу — даже за десять Чарльзов.

She begged each person nearby to let her keep her precious things.

Она умоляла каждого, кто был рядом, позволить ей оставить себе ее драгоценные вещи.

At last, she wiped her eyes and began tossing even vital clothes.

Наконец она вытерла глаза и начала выбрасывать даже самую необходимую одежду.

When done with her own, she began emptying the men's supplies.

Закончив со своими принадлежностями, она принялась опустошать мужские.

Like a whirlwind, she tore through Charles and Hal's belongings.

Словно вихрь, она пронеслась через вещи Чарльза и Хэла.

Though the load was halved, it was still far heavier than needed.

Хотя груз уменьшился вдвое, он все равно был намного тяжелее, чем требовалось.

That night, Charles and Hal went out and bought six new dogs.

Тем вечером Чарльз и Хэл пошли и купили шесть новых собак.

These new dogs joined the original six, plus Teek and Koona.

Эти новые собаки присоединились к первоначальным шести, а также к Тику и Куне.

Together they made a team of fourteen dogs hitched to the sled.

Вместе они составили упряжку из четырнадцати собак, запряженных в сани.

But the new dogs were unfit and poorly trained for sled work.

Однако новые собаки оказались непригодными и плохо обученными для работы в упряжке.

Three of the dogs were short-haired pointers, and one was a Newfoundland.

Три собаки были короткошерстными пойнтерами, а одна — ньюфаундлендом.

The final two dogs were mutts of no clear breed or purpose at all.

Последние две собаки были дворнягами, не имевшими четкой породы или предназначения.

They didn't understand the trail, and they didn't learn it quickly.

Они не понимали тропу и не могли быстро ее освоить.

Buck and his mates watched them with scorn and deep irritation.

Бак и его товарищи смотрели на них с презрением и глубоким раздражением.

Though Buck taught them what not to do, he could not teach duty.

Хотя Бак учил их, чего не следует делать, он не мог научить долгу.

They didn't take well to trail life or the pull of reins and sleds.

Они не очень хорошо переносили жизнь на тропе, а также тягу вожжей и саней.

Only the mongrels tried to adapt, and even they lacked fighting spirit.

Только дворняги пытались приспособиться, но даже у них не было боевого духа.

The other dogs were confused, weakened, and broken by their new life.

Остальные собаки были растеряны, ослаблены и сломлены новой жизнью.

With the new dogs clueless and the old ones exhausted, hope was thin.

Поскольку новые собаки ничего не знали, а старые были истощены, надежды было мало.

Buck's team had covered twenty-five hundred miles of harsh trail.

Команда Бака преодолела две с половиной тысячи миль по суровой дороге.

Still, the two men were cheerful and proud of their large dog team.

Тем не менее, оба мужчины были веселы и гордились своей большой собачьей упряжкой.

They thought they were traveling in style, with fourteen dogs hitched.

Они думали, что путешествуют с шиком, взяв с собой четырнадцать собак.

They had seen sleds leave for Dawson, and others arrive from it.

Они видели, как одни сани отправлялись в Доусон, а другие прибывали оттуда.

But never had they seen one pulled by as many as fourteen dogs.

Но никогда они не видели упряжку, которую тянуло бы целых четырнадцать собак.

There was a reason such teams were rare in the Arctic wilderness.

Недаром такие команды были редкостью в арктической глуши.

No sled could carry enough food to feed fourteen dogs for the trip.

Ни одни сани не могли перевезти достаточно еды, чтобы прокормить четырнадцать собак на протяжении всего путешествия.

But Charles and Hal didn't know that—they had done the math.

Но Чарльз и Хэл этого не знали — они уже все подсчитали.

They penciled out the food: so much per dog, so many days, done.

Они расписали еду: столько-то на собаку, столько-то дней, готово.

Mercedes looked at their figures and nodded as if it made sense.

Мерседес посмотрела на их цифры и кивнула, как будто это имело смысл.

It all seemed very simple to her, at least on paper.

Ей все казалось очень простым, по крайней мере на бумаге.

The next morning, Buck led the team slowly up the snowy street.

На следующее утро Бак медленно повел команду по заснеженной улице.

There was no energy or spirit in him or the dogs behind him.

Ни у него, ни у собак, стоявших за ним, не было ни энергии, ни духа.

They were dead tired from the start—there was no reserve left.

Они были смертельно уставшими с самого начала — резерва не осталось.

Buck had made four trips between Salt Water and Dawson already.

Бак уже совершил четыре поездки между Солт-Уотером и Доусоном.

Now, faced with the same trail again, he felt nothing but bitterness.

Теперь, снова оказавшись на том же пути, он не чувствовал ничего, кроме горечи.

His heart was not in it, nor were the hearts of the other dogs.

Его сердце не лежало к этому, как и сердца других собак.

The new dogs were timid, and the huskies lacked all trust.

Новые собаки были робкими, а лайки не вызывали никакого доверия.

Buck sensed he could not rely on these two men or their sister.

Бак чувствовал, что не может положиться ни на этих двух мужчин, ни на их сестру.

They knew nothing and showed no signs of learning on the trail.

Они ничего не знали и не проявляли никаких признаков обучения на тропе.

They were disorganized and lacked any sense of discipline.

Они были неорганизованны и лишены всякого чувства дисциплины.

It took them half the night to set up a sloppy camp each time.

Каждый раз им требовалось полночи, чтобы разбить неряшливый лагерь.

And half the next morning they spent fumbling with the sled again.

И половину следующего утра они снова провели, возясь с санями.

By noon, they often stopped just to fix the uneven load.

К полудню они часто останавливались, чтобы просто исправить неравномерность нагрузки.

On some days, they traveled less than ten miles in total.

В некоторые дни они проходили в общей сложности менее десяти миль.

Other days, they didn't manage to leave camp at all.

В другие дни им вообще не удавалось покинуть лагерь.

They never came close to covering the planned food-distance.

Они так и не смогли преодолеть запланированное расстояние по доставке продовольствия.

As expected, they ran short on food for the dogs very quickly.

Как и ожидалось, у собак очень быстро закончилась еда.

They made matters worse by overfeeding in the early days.

Они усугубили ситуацию перекармливанием в первые дни.

This brought starvation closer with every careless ration.

С каждой неосторожной пайкой голод приближался.

The new dogs had not learned to survive on very little.

Новые собаки не научились выживать, имея очень мало пищи.

They ate hungrily, with appetites too large for the trail.

Они ели жадно, их аппетит был слишком велик для такой тропы.

Seeing the dogs weaken, Hal believed the food wasn't enough.

Видя, что собаки слабеют, Хэл решил, что еды недостаточно.

He doubled the rations, making the mistake even worse.

Он увеличил пайки вдвое, что еще больше усугубило ошибку.

Mercedes added to the problem with tears and soft pleading.

Мерседес усугубила проблему слезами и тихими мольбами.

When she couldn't convince Hal, she fed the dogs in secret.

Когда ей не удалось убедить Хэла, она тайно покормила собак.

She stole from the fish sacks and gave it to them behind his back.

Она крала рыбу из мешков и отдавала им за его спиной.

But what the dogs truly needed wasn't more food—it was rest.

Но на самом деле собакам нужна была не еда, а отдых.

They were making poor time, but the heavy sled still dragged on.

Они продвигались с трудом, но тяжелые сани все равно тащились.

That weight alone drained their remaining strength each day.

Этот вес каждый день истощал их оставшиеся силы.

Then came the stage of underfeeding as the supplies ran low.

Затем наступила стадия недоедания, поскольку запасы истощились.

Hal realized one morning that half the dog food was already gone.

Однажды утром Хэл обнаружил, что половина собачьего корма уже закончилась.

They had only traveled a quarter of the total trail distance.

Они преодолели лишь четверть от общей протяженности маршрута.

No more food could be bought, no matter what price was offered.

Больше нельзя было купить еду, какую бы цену ни предлагали.

He reduced the dogs' portions below the standard daily ration.

Он уменьшил порции собак ниже стандартного дневного рациона.

At the same time, he demanded longer travel to make up for loss.

В то же время он потребовал более длительных путешествий, чтобы компенсировать потери.

Mercedes and Charles supported this plan, but failed in execution.

Мерседес и Чарльз поддержали этот план, но реализовать его не удалось.

Their heavy sled and lack of skill made progress nearly impossible.

Тяжёлые сани и отсутствие навыков сделали продвижение вперёд практически невозможным.

It was easy to give less food, but impossible to force more effort.

Легко было давать меньше еды, но невозможно было заставить прилагать больше усилий.

They couldn't start early, nor could they travel for extra hours.

Они не могли ни начать работу раньше, ни путешествовать дольше обычного.

They didn't know how to work the dogs, nor themselves, for that matter.

Они не знали, как работать с собаками, да и с собой тоже.

The first dog to die was Dub, the unlucky but hardworking thief.

Первой погибшей собакой был Даб, неудачливый, но трудолюбивый вор.

Though often punished, Dub had pulled his weight without complaint.

Хотя Даба часто наказывали, он выполнял свою работу без жалоб.

His injured shoulder grew worse without care or needed rest.

Состояние его травмированного плеча ухудшалось без ухода и необходимости отдыха.

Finally, Hal used the revolver to end Dub's suffering.

Наконец, Хэл использовал револьвер, чтобы положить конец страданиям Даба.

A common saying claimed that normal dogs die on husky rations.

Распространенная поговорка гласит, что нормальные собаки умирают от хаски.

Buck's six new companions had only half the husky's share of food.

Шестерым новым товарищам Бака досталась лишь половина порции еды, причитающейся хаски.

The Newfoundland died first, then the three short-haired pointers.

Первым погиб ньюфаундленд, затем три короткошерстных пойнтера.

The two mongrels held on longer but finally perished like the rest.

Две дворняжки продержались дольше, но в конце концов погибли, как и остальные.

By this time, all the amenities and gentleness of the Southland were gone.

К этому времени все удобства и уют Саутленда исчезли.

The three people had shed the last traces of their civilized upbringing.

Эти трое людей потеряли последние следы своего цивилизованного воспитания.

Stripped of glamour and romance, Arctic travel became brutally real.

Лишенные гламура и романтики, путешествия по Арктике стали жестоко реальными.

It was a reality too harsh for their sense of manhood and womanhood.

Это была реальность, слишком суровая для их представлений о мужественности и женственности.

Mercedes no longer wept for the dogs, but now wept only for herself.

Мерседес больше не плакала из-за собак, теперь она плакала только из-за себя.

She spent her time crying and quarreling with Hal and Charles.

Она проводила время в слезах и ссорах с Хэлом и Чарльзом.

Quarreling was the one thing they were never too tired to do.

Единственное, от чего они никогда не уставали, — это ссоры.

Their irritability came from misery, grew with it, and surpassed it.

Их раздражительность возникла из-за несчастья, росла вместе с ним и превосходила его.

The patience of the trail, known to those who toil and suffer kindly, never came.

Терпение тропы, знакомое тем, кто трудится и страдает милосердно, так и не наступило.

That patience, which keeps speech sweet through pain, was unknown to them.

Им было неведомо то терпение, которое сохраняет сладость речи, несмотря на боль.

They had no hint of patience, no strength drawn from suffering with grace.

У них не было ни капли терпения, ни силы, которую можно было бы почерпнуть из страдания с достоинством.

They were stiff with pain—aching in their muscles, bones, and hearts.

Они были напряжены от боли — ломоты в мышцах, костях и сердцах.

Because of this, they grew sharp of tongue and quick with harsh words.

Из-за этого они стали острыми на язык и скорыми на резкие слова.

Each day began and ended with angry voices and bitter complaints.

Каждый день начинался и заканчивался гневными голосами и горькими жалобами.

Charles and Hal wrangled whenever Mercedes gave them a chance.

Чарльз и Хэл ссорились всякий раз, когда Мерседес давала им шанс.

Each man believed he did more than his fair share of the work.

Каждый из них считал, что выполнил больше, чем ему положено, работы.

Neither ever missed a chance to say so, again and again.

Ни один из них не упускал возможности сказать об этом снова и снова.

Sometimes Mercedes sided with Charles, sometimes with Hal.

Иногда Мерседес принимала сторону Чарльза, иногда — Хэла.

This led to a grand and endless quarrel among the three.

Это привело к большой и бесконечной ссоре между тремя.

A dispute over who should chop firewood grew out of control.

Спор о том, кто должен рубить дрова, вышел из-под контроля.

Soon, fathers, mothers, cousins, and dead relatives were named.

Вскоре были названы имена отцов, матерей, двоюродных братьев и сестер, а также умерших родственников.

Hal's views on art or his uncle's plays became part of the fight.

Взгляды Хэла на искусство и пьесы его дяди стали частью борьбы.

Charles's political beliefs also entered the debate.

Политические убеждения Чарльза также стали предметом дебатов.

To Mercedes, even her husband's sister's gossip seemed relevant.

Для Мерседес даже сплетни сестры ее мужа казались важными.

She aired opinions on that and on many of Charles's family's flaws.

Она высказала свое мнение по этому поводу и по поводу многих недостатков семьи Чарльза.

While they argued, the fire stayed unlit and camp half set.

Пока они спорили, костер оставался неразведенным, а лагерь наполовину разбитым.

Meanwhile, the dogs remained cold and without any food.

Тем временем собаки оставались холодными и без еды.

Mercedes held a grievance she considered deeply personal.

У Мерседес была обида, которую она считала глубоко личной.

She felt mistreated as a woman, denied her gentle privileges.

Она чувствовала, что с ней плохо обращаются как с женщиной, лишают ее привилегий.

She was pretty and soft, and used to chivalry all her life.

Она была красивой и нежной и всю жизнь отличалась благородством.

But her husband and brother now treated her with impatience.

Но теперь ее муж и брат относились к ней с нетерпением.

Her habit was to act helpless, and they began to complain.

Она привыкла вести себя беспомощно, и они начали жаловаться.

Offended by this, she made their lives all the more difficult.

Оскорбленная этим, она еще больше усложнила им жизнь.

She ignored the dogs and insisted on riding the sled herself.

Она проигнорировала собак и настояла на том, что сама поедет на санях.

Though light in looks, she weighed one hundred twenty pounds.

Несмотря на свою легкость, она весила сто двадцать фунтов.

That added burden was too much for the starving, weak dogs.

Эта дополнительная нагрузка оказалась слишком большой для голодных, слабых собак.

Still, she rode for days, until the dogs collapsed in the reins.

И все же она ехала несколько дней, пока собаки не рухнули в поводьях.

The sled stood still, and Charles and Hal begged her to walk.

Сани стояли неподвижно, и Чарльз с Хэлом умоляли ее идти пешком.

They pleaded and entreated, but she wept and called them cruel.

Они умоляли и умоляли, но она плакала и называла их жестокими.

On one occasion, they pulled her off the sled with sheer force and anger.

Однажды они стащили ее с саней, применив силу и гнев.

They never tried again after what happened that time.

После того, что случилось в тот раз, они больше не пытались это сделать.

She went limp like a spoiled child and sat in the snow.

Она обмякла, как избалованный ребенок, и села в снег.

They moved on, but she refused to rise or follow behind.

Они двинулись дальше, но она отказалась встать или последовать за ними.

After three miles, they stopped, returned, and carried her back.

Через три мили они остановились, вернулись и понесли ее обратно.

They reloaded her onto the sled, again using brute strength.

Они снова погрузили ее на сани, снова применив грубую силу.

In their deep misery, they were callous to the dogs' suffering.

В своем глубоком горе они были равнодушны к страданиям собак.

Hal believed one must get hardened and forced that belief on others.

Хэл считал, что человек должен стать закаленным, и навязывал эту веру другим.

He first tried to preach his philosophy to his sister

Сначала он попытался проповедовать свою философию сестре.

and then, without success, he preached to his brother-in-law.

а затем, безуспешно, он проповедовал своему зятю.

He had more success with the dogs, but only because he hurt them.

С собаками он добился большего успеха, но только потому, что причинял им боль.

At Five Fingers, the dog food ran out of food completely.

В Five Fingers полностью закончился корм для собак.

A toothless old squaw sold a few pounds of frozen horse-hide

Беззубая старая скво продала несколько фунтов замороженной лошадиной шкуры

Hal traded his revolver for the dried horse-hide.

Хэл обменял свой револьвер на высушенную конскую шкуру.

The meat had come from starved horses of cattlemen months before.

Мясо было получено от истощенных лошадей скотоводов несколько месяцев назад.

Frozen, the hide was like galvanized iron; tough and inedible.

Замороженная шкура была похожа на оцинкованное железо: жесткая и несъедобная.

The dogs had to chew endlessly at the hide to eat it.

Собакам приходилось бесконечно жевать шкуру, чтобы съесть ее.

But the leathery strings and short hair were hardly nourishment.

Но кожистые нити и короткие волосы вряд ли можно считать пищей.

Most of the hide was irritating, and not food in any true sense.

Большая часть шкуры была раздражающей и не являлась едой в прямом смысле этого слова.

And through it all, Buck staggered at the front, like in a nightmare.

И все это время Бак шатался впереди, как в кошмарном сне.

He pulled when able; when not, he lay until whip or club raised him.

Когда он мог, он тянул; когда нет, он лежал, пока его не поднимали кнутом или дубинкой.

His fine, glossy coat had lost all stiffness and sheen it once had.

Его прекрасная, блестящая шерсть утратила всю свою прежнюю жесткость и блеск.

His hair hung limp, draggled, and clotted with dried blood from the blows.

Его волосы висели небрежно, спутались и были покрыты запекшейся кровью от ударов.

His muscles shrank to cords, and his flesh pads were all worn away.

Его мышцы превратились в канаты, а все подушечки его плоти стерлись.

Each rib, each bone showed clearly through folds of wrinkled skin.

Каждое ребро, каждая кость отчетливо просматривались сквозь складки морщинистой кожи.

It was heartbreaking, yet Buck's heart could not break.

Это было душераздирающе, но сердце Бака не могло разбиться.

The man in the red sweater had tested that and proved it long ago.

Человек в красном свитере уже давно это проверил и доказал.

As it was with Buck, so it was with all his remaining teammates.

Как это было с Баком, так было и со всеми его оставшимися товарищами по команде.

There were seven in total, each one a walking skeleton of misery.

Всего их было семеро, и каждый из них был ходячим скелетом страдания.

They had grown numb to lash, feeling only distant pain.

Они онемели от ударов плетью, чувствуя лишь далекую боль.

Even sight and sound reached them faintly, as through a thick fog.

Даже зрение и слух доходили до них смутно, словно сквозь густой туман.

They were not half alive—they were bones with dim sparks inside.

Они не были полуживыми — это были кости с тусклыми искрами внутри.

When stopped, they collapsed like corpses, their sparks almost gone.

Когда их остановили, они рухнули, как трупы, их искры почти погасли.

And when the whip or club struck again, the sparks fluttered weakly.

И когда кнут или дубинка ударяли снова, искры слабо трепетали.

Then they rose, staggered forward, and dragged their limbs ahead.

Затем они поднялись, пошатнулись и потащили вперед свои конечности.

One day kind Billee fell and could no longer rise at all.

Однажды добрый Билли упал и больше не мог подняться.

Hal had traded his revolver, so he used an axe to kill Billee instead.

Хэл обменял свой револьвер, поэтому вместо этого он использовал топор, чтобы убить Билли.

He struck him on the head, then cut his body free and dragged it away.

Он ударил его по голове, затем освободил его тело и потащил прочь.

Buck saw this, and so did the others; they knew death was near.

Бак увидел это, как и остальные; они знали, что смерть близка.

Next day Koona went, leaving just five dogs in the starving team.

На следующий день Куна уехал, оставив в голодной команде всего пять собак.

Joe, no longer mean, was too far gone to be aware of much at all.

Джо, больше не злой, зашел слишком далеко, чтобы вообще что-либо осознавать.

Pike, no longer faking his injury, was barely conscious.

Пайк, больше не притворявшийся, что получил травму, едва был в сознании.

Solleks, still faithful, mourned he had no strength to give.

Соллекс, все еще верный, горевал, что у него нет сил, чтобы отдать.

Teek was beaten most because he was fresher, but fading fast.

Тик проиграл больше всех, потому что был свежее, но быстро терял форму.

And Buck, still in the lead, no longer kept order or enforced it.

А Бак, все еще остававшийся лидером, больше не поддерживал порядок и не обеспечивал его.

Half blind with weakness, Buck followed the trail by feel alone.

Бак, наполовину ослепший от слабости, пошел по следу на ощупь.

It was beautiful spring weather, but none of them noticed it.

Стояла прекрасная весенняя погода, но никто из них этого не замечал.

Each day the sun rose earlier and set later than before.

Каждый день солнце вставало раньше и садилось позже, чем прежде.

By three in the morning, dawn had come; twilight lasted till nine.

К трем часам утра наступил рассвет; сумерки продолжались до девяти.

The long days were filled with the full blaze of spring sunshine.

Долгие дни были наполнены ярким весенним солнцем.

The ghostly silence of winter had changed into a warm murmur.

Призрачная тишина зимы сменилась теплым шепотом.

All the land was waking, alive with the joy of living things.

Вся земля просыпалась, полная радости жизни.

The sound came from what had lain dead and still through winter.

Звук исходил от того, что лежало мертвым и неподвижным всю зиму.

Now, those things moved again, shaking off the long frost sleep.

Теперь эти твари снова зашевелились, стряхивая с себя долгий морозный сон.

Sap was rising through the dark trunks of the waiting pine trees.

Сок поднимался по темным стволам ожидающих сосен.

Willows and aspens burst out bright young buds on each twig.

На каждой веточке ив и осин распускаются яркие молодые почки.

Shrubs and vines put on fresh green as the woods came alive.

Лес оживает, кустарники и виноградные лозы зеленеют.

Crickets chirped at night, and bugs crawled in daylight sun.

Ночью стрекотали сверчки, а днем на солнце ползали насекомые.

Partridges boomed, and woodpeckers knocked deep in the trees.

Куропатки кричали, а дятлы стучали глубоко в деревьях.

Squirrels chattered, birds sang, and geese honked over the dogs.

Белки болтали, птицы пели, а гуси кричали над собаками.

The wild-fowl came in sharp wedges, flying up from the south.

Дичь прилетела острыми клиньями с юга.

From every hillside came the music of hidden, rushing streams.

Со всех склонов холмов доносилась музыка скрытых, бурных ручьев.

All things thawed and snapped, bent and burst back into motion.

Все оттаяло и сломалось, согнулось и снова пришло в движение.

The Yukon strained to break the cold chains of frozen ice.

Юкон изо всех сил пытался разорвать холодные цепи замерзшего льда.

The ice melted underneath, while the sun melted it from above.

Лед таял снизу, а солнце плавило его сверху.

Air-holes opened, cracks spread, and chunks fell into the river.

Открылись воздушные отверстия, появились трещины, и куски породы упали в реку.

Amid all this bursting and blazing life, the travelers staggered.

Среди всей этой бурлящей и пылающей жизни путники шатались.

Two men, a woman, and a pack of huskies walked like the dead.

Двое мужчин, женщина и стая хаски шли как мертвые.

The dogs were falling, Mercedes wept, but still rode the sled.

Собаки падали, Мерседес плакала, но все равно ехала в санях.

Hal cursed weakly, and Charles blinked through watering eyes.

Хэл слабо выругался, а Чарльз моргнул сквозь слезящиеся глаза.

They stumbled into John Thornton's camp by White River's mouth.

Они наткнулись на лагерь Джона Торнтона у устья реки Уайт.

When they stopped, the dogs dropped flat, as if all struck dead.

Когда они остановились, собаки упали на землю, как будто все они были поражены смертью.

Mercedes wiped her tears and looked across at John Thornton.

Мерседес вытерла слезы и посмотрела на Джона Торнтона.

Charles sat on a log, slowly and stiffly, aching from the trail.

Чарльз сидел на бревне, медленно и неподвижно, испытывая боль от долгой дороги.

Hal did the talking as Thornton carved the end of an axe-handle.

Хэл говорил, пока Торнтон вырезал конец топора.

He whittled birch wood and answered with brief, firm replies.

Он строгал березовые дрова и отвечал краткими, но твёрдыми ответами.

When asked, he gave advice, certain it wasn't going to be followed.

Когда его об этом спросили, он дал совет, будучи уверенным, что ему не последуют.

Hal explained, "They told us the trail ice was dropping out."

Хэл объяснил: «Они сказали нам, что лед на тропе тает».

"They said we should stay put—but we made it to White River."

«Они сказали, что нам следует оставаться на месте, но мы добрались до Уайт-Ривер».

He ended with a sneering tone, as if to claim victory in hardship.

Он закончил насмешливым тоном, как будто хотел провозгласить победу в невзгодах.

"And they told you true," John Thornton answered Hal quietly.

«И они сказали тебе правду», — тихо ответил Хэлу Джон Торнтон.

"The ice may give way at any moment—it's ready to drop out."

«Лед может рухнуть в любой момент — он готов упасть».

"Only blind luck and fools could have made it this far alive."

«Только слепая удача и дураки могли добраться до этого места живыми».

"I tell you straight, I wouldn't risk my life for all Alaska's gold."

«Я вам прямо говорю, я бы не рискнул своей жизнью даже за все золото Аляски».

"That's because you're not a fool, I suppose," Hal answered.

«Это потому, что ты не дурак, я полагаю», — ответил Хэл.

"All the same, we'll go on to Dawson." He uncoiled his whip.

«Тем не менее, мы поедем в Доусон». Он развернул хлыст.

"Get up there, Buck! Hi! Get up! Go on!" he shouted harshly.

«Вставай, Бак! Эй! Вставай! Вперед!» — крикнул он резко.

Thornton kept whittling, knowing fools won't hear reason.

Торнтон продолжал строгать, зная, что дураки не станут слушать доводы разума.

To stop a fool was futile—and two or three fooled changed nothing.

Останавливать дурака было бесполезно, а двое или трое одураченных ничего не изменяли.

But the team didn't move at the sound of Hal's command.

Но команда не двинулась с места по команде Хэла.

By now, only blows could make them rise and pull forward.

Теперь только удары могли заставить их подняться и двинуться вперед.

The whip snapped again and again across the weakened dogs.

Кнут снова и снова хлестал по ослабевшим собакам.

John Thornton pressed his lips tightly and watched in silence.

Джон Торнтон крепко сжал губы и молча наблюдал.

Solleks was the first to crawl to his feet under the lash.

Первым под плетью поднялся на ноги Соллекс.

Then Teek followed, trembling. Joe yelped as he stumbled up.

Затем Тик последовал за ним, дрожа. Джо вскрикнул, спотыкаясь.

Pike tried to rise, failed twice, then finally stood unsteadily.

Пайк попытался подняться, дважды потерпел неудачу и, наконец, встал, пошатнувшись.

But Buck lay where he had fallen, not moving at all this time.

Но Бак лежал там, где упал, и все это время не двигался.

The whip slashed him over and over, but he made no sound.

Кнут хлестал его снова и снова, но он не издавал ни звука.

He did not flinch or resist, simply remained still and quiet.

Он не дрогнул и не сопротивлялся, просто оставался неподвижным и тихим.

Thornton stirred more than once, as if to speak, but didn't.

Торнтон несколько раз пошевелился, как будто собираясь что-то сказать, но не сказал.

His eyes grew wet, and still the whip cracked against Buck.

Глаза его увлажнились, а кнут продолжал хлестать Бэка.

At last, Thornton began pacing slowly, unsure of what to do.

Наконец Торнтон начал медленно ходить, не зная, что делать.

It was the first time Buck had failed, and Hal grew furious.

Это был первый раз, когда Бак потерпел неудачу, и Хэл пришел в ярость.

He threw down the whip and picked up the heavy club instead.

Он бросил кнут и вместо него поднял тяжелую дубинку.

The wooden club came down hard, but Buck still did not rise to move.

Деревянная дубинка с силой опустилась, но Бак все еще не двинулся с места.

Like his teammates, he was too weak—but more than that.

Как и его товарищи по команде, он был слишком слаб, но дело было не только в этом.

Buck had decided not to move, no matter what came next.

Бак решил не двигаться с места, что бы ни случилось дальше.

He felt something dark and certain hovering just ahead.

Он чувствовал, как что-то темное и определенное парит прямо впереди.

That dread had seized him as soon as he reached the riverbank.

Этот страх охватил его, как только он достиг берега реки.

The feeling had not left him since he felt the ice thin under his paws.

Это чувство не покидало его с тех пор, как он почувствовал, что лед под его лапами стал тонким.

Something terrible was waiting—he felt it just down the trail.

Что-то ужасное ждало его — он чувствовал это где-то далеко, на тропе.

He wasn't going to walk towards that terrible thing ahead

Он не собирался идти навстречу тому ужасному, что было впереди.

He was not going to obey any command that took him to that thing.

Он не собирался подчиняться никакому приказу, который бы привел его к этому.

The pain of the blows hardly touched him now—he was too far gone.

Боль от ударов теперь почти не затрагивала его — он был слишком слаб.

The spark of life flickered low, dimmed beneath each cruel strike.

Искра жизни мерцала слабо, тускнея под каждым жестоким ударом.

His limbs felt distant; his whole body seemed to belong to another.

Его конечности казались далекими; все его тело, казалось, принадлежало кому-то другому.

He felt a strange numbness as the pain faded out completely.

Он почувствовал странное онемение, когда боль полностью утихла.

From far away, he sensed he was being beaten, but barely knew.

Издалека он чувствовал, что его бьют, но едва ли осознавал это.

He could hear the thuds faintly, but they no longer truly hurt.

Он слышал слабые удары, но они уже не причиняли ему особой боли.

The blows landed, but his body no longer seemed like his own.

Удары достигали цели, но его тело больше не казалось ему собственным.

Then suddenly, without warning, John Thornton gave a wild cry.

И вдруг, без всякого предупреждения, Джон Торнтон издал дикий крик.

It was inarticulate, more the cry of a beast than of a man.

Это был нечленораздельный крик, больше похожий на крик зверя, чем на крик человека.

He leapt at the man with the club and knocked Hal backward.

Он прыгнул на человека с дубинкой и отбросил Хэла назад.

Hal flew as if struck by a tree, landing hard upon the ground.

Хэл отлетел, словно его ударило дерево, и тяжело приземлился на землю.

Mercedes screamed aloud in panic and clutched at her face.

Мерседес в панике громко закричала и схватилась за лицо.

Charles only looked on, wiped his eyes, and stayed seated.

Чарльз только посмотрел, вытер глаза и остался сидеть.

His body was too stiff with pain to rise or help in the fight.

Его тело было слишком окоченевшим от боли, чтобы подняться или помочь в борьбе.

Thornton stood over Buck, trembling with fury, unable to speak.

Торнтон стоял над Баком, дрожа от ярости и не в силах вымолвить ни слова.

He shook with rage and fought to find his voice through it.

Он дрожал от ярости и пытался найти в себе силы обрести голос.

"If you strike that dog again, I'll kill you," he finally said.

«Если ты еще раз ударишь эту собаку, я тебя убью», — наконец сказал он.

Hal wiped blood from his mouth and came forward again.

Хэл вытер кровь со рта и снова вышел вперед.

"It's my dog," he muttered. "Get out of the way, or I'll fix you."

«Это моя собака, — пробормотал он. — Уйди с дороги, или я тебя вылечу».

"I'm going to Dawson, and you're not stopping me," he added.

«Я поеду в Доусон, и вы меня не остановите», — добавил он.

Thornton stood firm between Buck and the angry young man.

Торнтон твердо стоял между Баком и разгневанным молодым человеком.

He had no intention of stepping aside or letting Hal pass.

Он не собирался отходить в сторону или пропускать Хэла.

Hal pulled out his hunting knife, long and dangerous in hand.

Хэл вытащил свой охотничий нож, длинный и опасный в руке.

Mercedes screamed, then cried, then laughed in wild hysteria.

Мерседес закричала, потом заплакала, а потом рассмеялась в дикой истерике.

Thornton struck Hal's hand with his axe-handle, hard and fast.

Торнтон резко и быстро ударил Хэла по руке рукояткой топора.

The knife was knocked loose from Hal's grip and flew to the ground.

Нож выскользнул из рук Хэла и полетел на землю.

Hal tried to pick the knife up, and Thornton rapped his knuckles again.

Хэл попытался поднять нож, но Торнтон снова постучал ему по костяшкам пальцев.

Then Thornton stooped down, grabbed the knife, and held it.

Затем Торнтон наклонился, схватил нож и задержал его.

With two quick chops of the axe-handle, he cut Buck's reins.

Двумя быстрыми ударами топора он перерезал поводья Бэка.

Hal had no fight left in him and stepped back from the dog.

У Хэла не осталось сил бороться, и он отступил от собаки.

Besides, Mercedes needed both arms now to keep her upright.

Кроме того, теперь Мерседес нужны были обе руки, чтобы удерживаться в вертикальном положении.

Buck was too near death to be of use for pulling a sled again.

Бэк был слишком близок к смерти, чтобы снова пригодиться для того, чтобы тянуть сани.

A few minutes later, they pulled out, heading down the river.

Через несколько минут они отчалили и направились вниз по реке.

Buck raised his head weakly and watched them leave the bank.

Бак слабо поднял голову и смотрел, как они покидают банк.

Pike led the team, with Solleks at the rear in the wheel spot.

Пайк возглавлял команду, а Соллекс замыкал гонку на позиции рулевого.

Joe and Teek walked between, both limping with exhaustion.

Джо и Тик шли между ними, оба хромая от усталости.

Mercedes sat on the sled, and Hal gripped the long gee-pole.

Мерседес села на сани, а Хэл схватился за длинную стойку.

Charles stumbled behind, his steps clumsy and uncertain.

Чарльз спотыкался, его шаги были неуклюжими и неуверенными.

Thornton knelt by Buck and gently felt for broken bones.

Торнтон опустился на колени рядом с Баком и осторожно ощупал сломанные кости.

His hands were rough but moved with kindness and care.

Его руки были грубыми, но двигались с добротой и заботой.

Buck's body was bruised but showed no lasting injury.

Тело Бака было покрыто синяками, но серьезных повреждений не наблюдалось.

What remained was terrible hunger and near-total weakness.

Остались лишь ужасный голод и почти полная слабость.

By the time this was clear, the sled had gone far downriver.

К тому времени, как это стало ясно, сани уже ушли далеко вниз по реке.

Man and dog watched the sled slowly crawl over the cracking ice.

Человек и собака наблюдали, как сани медленно ползут по трескающемуся льду.

Then, they saw the sled sink down into a hollow.

Затем они увидели, как сани провалились в низину.

The gee-pole flew up, with Hal still clinging to it in vain.

Стойка взлетела, а Хэл все еще тщетно пытался за нее
ухватиться.

Mercedes's scream reached them across the cold distance.

Крик Мерседес донесся до них сквозь холодное
расстояние.

Charles turned and stepped back — but he was too late.

Чарльз повернулся и отступил назад, но было слишком
поздно.

A whole ice sheet gave way, and they all dropped through.

Целый ледяной покров рухнул, и все они провалились под
него.

Dogs, sled, and people vanished into the black water below.

Собаки, сани и люди исчезли в черной воде внизу.

Only a wide hole in the ice was left where they had passed.

На месте их движения осталась лишь широкая прорубь во
льду.

**The trail's bottom had dropped out — just as Thornton
warned.**

Дно тропы обрывалось — как и предупреждал Торнтон.

**Thornton and Buck looked at one another, silent for a
moment.**

Торнтон и Бак посмотрели друг на друга и на мгновение
замолчали.

**"You poor devil," said Thornton softly, and Buck licked his
hand.**

«Ты бедняга», — тихо сказал Торнтон, и Бак лизнул его
руку.

For the Love of a Man
Ради любви к человеку

John Thornton froze his feet in the cold of the previous December.

Джон Торнтон обморозил ноги в холодный декабрь прошлого года.

His partners made him comfortable and left him to recover alone.

Его партнеры обеспечили ему комфорт и оставили его восстанавливаться в одиночестве.

They went up the river to gather a raft of saw-logs for Dawson.

Они поднялись по реке, чтобы собрать плот из пиловочных бревен для Доусона.

He was still limping slightly when he rescued Buck from death.

Он все еще слегка хромал, когда спас Бака от смерти.

But with warm weather continuing, even that limp disappeared.

Но с сохранением теплой погоды даже эта хромота исчезла.

Lying by the riverbank during long spring days, Buck rested.

Долгими весенними днями Бак отдыхал, лежа на берегу реки.

He watched the flowing water and listened to birds and insects.

Он наблюдал за текущей водой и слушал птиц и насекомых.

Slowly, Buck regained his strength under the sun and sky.

Постепенно Бак восстановил свои силы под солнцем и небом.

A rest felt wonderful after traveling three thousand miles.

Отдых после путешествия в три тысячи миль был замечательным.

Buck became lazy as his wounds healed and his body filled out.

По мере того, как его раны заживали, а тело наполнялось, Бак становился ленивым.

His muscles grew firm, and flesh returned to cover his bones.

Его мышцы окрепли, а кости снова покрылись плотью.

They were all resting—Buck, Thornton, Skeet, and Nig.

Они все отдыхали — Бак, Торнтон, Скит и Ниг.

They waited for the raft that was going to carry them down to Dawson.

Они ждали плот, который должен был доставить их в Доусон.

Skeet was a small Irish setter who made friends with Buck.

Скит был маленьким ирландским сеттером, который подружился с Баком.

Buck was too weak and ill to resist her at their first meeting.

Бак был слишком слаб и болен, чтобы оказать ей сопротивление при их первой встрече.

Skeet had the healer trait that some dogs naturally possess.

У Скита была черта целителя, присущая некоторым собакам от природы.

Like a mother cat, she licked and cleaned Buck's raw wounds.

Подобно кошке-матери, она вылизывала и промывала раны Бака.

Every morning after breakfast, she repeated her careful work.

Каждое утро после завтрака она повторяла свою кропотливую работу.

Buck came to expect her help as much as he did Thornton's.

Бак рассчитывал на ее помощь так же, как и на помощь Торнтона.

Nig was friendly too, but less open and less affectionate.

Ниг тоже был дружелюбен, но менее открыт и менее ласков.

Nig was a big black dog, part bloodhound and part deerhound.

Ниг был большой черной собакой, наполовину ищейкой, наполовину дирхаундом.

He had laughing eyes and endless good nature in his spirit.

У него были смеющиеся глаза и бесконечное добродушие.

To Buck's surprise, neither dog showed jealousy toward him.

К удивлению Бака, ни одна из собак не проявила к нему ревности.

Both Skeet and Nig shared the kindness of John Thornton.

И Скит, и Ниг разделяли доброту Джона Торнтона.

As Buck got stronger, they lured him into foolish dog games.

Когда Бак окреп, они вовлекли его в глупые собачьи игры.

Thornton often played with them too, unable to resist their joy.

Торнтон тоже часто играл с ними, не в силах устоять перед их радостью.

In this playful way, Buck moved from illness to a new life.

Таким образом, играя, Бак перешел от болезни к новой жизни.

Love—true, burning, and passionate love—was his at last.

Любовь — настоящая, пылкая и страстная любовь — наконец-то досталась ему.

He had never known this kind of love at Miller's estate.

Он никогда не знал такой любви в поместье Миллера.

With the Judge's sons, he had shared work and adventure.

С сыновьями судьи он делил работу и приключения.

With the grandsons, he saw stiff and boastful pride.

У внуков он видел наглую и хвастливую гордость.

With Judge Miller himself, he had a respectful friendship.

С самим судьей Миллером у него были уважительные дружеские отношения.

But love that was fire, madness, and worship came with Thornton.

Но любовь, которая была огнем, безумием и поклонением, пришла с Торнтоном.

This man had saved Buck's life, and that alone meant a great deal.

Этот человек спас жизнь Бак, и одно это уже имело огромное значение.

But more than that, John Thornton was the ideal kind of master.

Но, что еще важнее, Джон Торнтон был идеальным мастером.

Other men cared for dogs out of duty or business necessity.

Другие мужчины заботились о собаках из-за служебных обязанностей или деловой необходимости.

John Thornton cared for his dogs as if they were his children.

Джон Торнтон заботился о своих собаках, как будто они были его детьми.

He cared for them because he loved them and simply could not help it.

Он заботился о них, потому что любил их и просто не мог с собой ничего поделать.

John Thornton saw even further than most men ever managed to see.

Джон Торнтон видел даже дальше, чем когда-либо удавалось увидеть большинству людей.

He never forgot to greet them kindly or speak a cheering word.

Он никогда не забывал поприветствовать их или сказать им ободряющее слово.

He loved sitting down with the dogs for long talks, or "gassy," as he said.

Он любил сидеть с собаками и долго беседовать, или «газировать», как он говорил.

He liked to seize Buck's head roughly between his strong hands.

Ему нравилось грубо сжимать голову Бака своими сильными руками.

Then he rested his own head against Buck's and shook him gently.

Затем он прислонил свою голову к голове Бака и легонько потряс его.

All the while, he called Buck rude names that meant love to Buck.

Все это время он называл Бака грубыми словами, которые означали для него любовь.

To Buck, that rough embrace and those words brought deep joy.

Для Бак эти грубые объятия и эти слова принесли глубокую радость.

His heart seemed to shake loose with happiness at each movement.

Казалось, его сердце сотрясалось от счастья при каждом движении.

When he sprang up afterward, his mouth looked like it laughed.

Когда он вскочил, его рот выглядел так, будто он смеялся.

His eyes shone brightly and his throat trembled with unspoken joy.

Глаза его ярко сияли, а горло дрожало от невысказанной радости.

His smile stood still in that state of emotion and glowing affection.

Его улыбка застыла в этом состоянии эмоций и сияющей привязанности.

Then Thornton exclaimed thoughtfully, "God! he can almost speak!"

Затем Торнтон задумчиво воскликнул: «Боже! Он почти может говорить!»

Buck had a strange way of expressing love that nearly caused pain.

У Бака был странный способ выражать любовь, который едва не причинял боль.

He often griped Thornton's hand in his teeth very tightly.

Он часто очень крепко сжимал зубами руку Торнтона.

The bite was going to leave deep marks that stayed for some time after.

Укус должен был оставить глубокие следы, которые сохранялись еще некоторое время.

Buck believed those oaths were love, and Thornton knew the same.

Бак верил, что эти клятвы были любовью, и Торнтон знал то же самое.

Most often, Buck's love showed in quiet, almost silent adoration.

Чаще всего любовь Бака проявлялась в тихом, почти безмолвном обожании.

Though thrilled when touched or spoken to, he did not seek attention.

Хотя он и радовался, когда к нему прикасались или говорили, он не искал внимания.

Skeet nudged her nose under Thornton's hand until he petted her.

Скит ткнула носом в руку Торнтона, пока он не погладил ее.

Nig walked up quietly and rested his large head on Thornton's knee.

Ниг тихо подошел и положил свою большую голову на колено Торнтона.

Buck, in contrast, was satisfied to love from a respectful distance.

Бак, напротив, довольствовался любовью на почтительном расстоянии.

He lied for hours at Thornton's feet, alert and watching closely.

Он часами лежал у ног Торнтона, настороженно и внимательно наблюдая.

Buck studied every detail of his master's face and slightest motion.

Бэк изучал каждую деталь лица своего хозяина и малейшее движение.

Or lied farther away, studying the man's shape in silence.

Или лежала подальше, молча изучая очертания мужчины.

Buck watched each small move, each shift in posture or gesture.

Бак следил за каждым маленьким движением, за каждым изменением позы или жеста.

So powerful was this connection that often pulled Thornton's gaze.

Эта связь была настолько сильной, что часто приковывала к себе взгляд Торнтона.

He met Buck's eyes with no words, love shining clearly through.

Он молча встретился взглядом с Баком, в котором ясно читалась любовь.

For a long while after being saved, Buck never let Thornton out of sight.

После своего спасения Бак долгое время не выпускал Торнтона из виду.

Whenever Thornton left the tent, Buck followed him closely outside.

Всякий раз, когда Торнтон выходил из палатки, Бак следовал за ним по пятам.

All the harsh masters in the Northland had made Buck afraid to trust.

Все суровые хозяева Севера заставили Бэка бояться доверять.

He feared no man could remain his master for more than a short time.

Он боялся, что ни один человек не сможет оставаться его хозяином дольше короткого времени.

He feared John Thornton was going to vanish like Perrault and François.

Он боялся, что Джон Торнтон исчезнет, как Перро и Франсуа.

Even at night, the fear of losing him haunted Buck's restless sleep.

Даже ночью страх потерять его преследовал беспокойный сон Бака.

When Buck woke, he crept out into the cold, and went to the tent.

Когда Бак проснулся, он выполз на холод и пошёл в палатку.

He listened carefully for the soft sound of breathing inside.

Он внимательно прислушивался к тихому звуку дыхания внутри.

Despite Buck's deep love for John Thornton, the wild stayed alive.

Несмотря на глубокую любовь Бака к Джону Торнтону, дикая природа осталась жива.

That primitive instinct, awakened in the North, did not disappear.

Этот первобытный инстинкт, пробудившийся на Севере, не исчез.

Love brought devotion, loyalty, and the fire-side's warm bond.

Любовь принесла с собой преданность, верность и теплые узы, которые дарил нам домашний очаг.

But Buck also kept his wild instincts, sharp and ever alert.

Но Бак сохранил свои дикие инстинкты, острые и всегда бдительные.

He was not just a tamed pet from the soft lands of civilization.

Он был не просто прирученным питомцем из мягких краев цивилизации.

Buck was a wild being who had come in to sit by Thornton's fire.

Бак был диким существом, пришедшим посидеть у огня Торнтона.

He looked like a Southland dog, but wildness lived within him.

Он был похож на собаку из Саутленда, но в нем жила дикость.

His love for Thornton was too great to allow theft from the man.

Его любовь к Торнтону была слишком велика, чтобы позволить этому человеку что-то украсть.

But in any other camp, he would steal boldly and without pause.

Но в любом другом лагере он воровал бы смело и без промедления.

He was so clever in stealing that no one could catch or accuse him.

Он был настолько искусен в воровстве, что никто не мог его поймать или обвинить.

His face and body were covered in scars from many past fights.

Его лицо и тело были покрыты шрамами от многочисленных прошлых боев.

Buck still fought fiercely, but now he fought with more cunning.

Бак по-прежнему яростно сражался, но теперь он сражался более хитро.

Skeet and Nig were too gentle to fight, and they were Thornton's.

Скит и Ниг были слишком слабы, чтобы сражаться, и они принадлежали Торнтону.

But any strange dog, no matter how strong or brave, gave way.

Но любая чужая собака, какой бы сильной и храброй она ни была, сдавалась.

Otherwise, the dog found itself battling Buck; fighting for its life.

В противном случае собаке пришлось бы сражаться с Бэком, бороться за свою жизнь.

Buck had no mercy once he chose to fight against another dog.

Бэк не знал жалости, когда решал вступить в схватку с другой собакой.

He had learned well the law of club and fang in the Northland.

Он хорошо усвоил закон дубинки и клыка в Северных землях.

He never gave up an advantage and never backed away from battle.

Он никогда не упускал преимущества и никогда не отступал от битвы.

He had studied Spitz and the fiercest dogs of mail and police.

Он изучал шпицев и самых свирепых почтовых и полицейских собак.

He knew clearly there was no middle ground in wild combat.

Он ясно понимал, что в жестокой схватке не может быть золотой середины.

He must rule or be ruled; showing mercy meant showing weakness.

Он должен был править или быть управляемым; проявить милосердие означало проявить слабость.

Mercy was unknown in the raw and brutal world of survival.

В этом грубом и жестоком мире выживания милосердие было неведомо.

To show mercy was seen as fear, and fear led quickly to death.

Проявление милосердия воспринималось как страх, а страх быстро приводил к смерти.

The old law was simple: kill or be killed, eat or be eaten.

Старый закон был прост: убей или будешь убит, ешь или будешь съеден.

That law came from the depths of time, and Buck followed it fully.

Этот закон пришел из глубины веков, и Бак следовал ему неукоснительно.

Buck was older than his years and the number of breaths he took.

Бак был старше своих лет и старше, чем предполагалось, судя по количеству сделанных им вдохов.

He connected the ancient past with the present moment clearly.

Он ясно связал древнее прошлое с настоящим моментом.

The deep rhythms of the ages moved through him like the tides.

Глубокие ритмы веков проносились сквозь него, словно приливы и отливы.

Time pulsed in his blood as surely as seasons moved the earth.

Время пульсировало в его крови так же уверенно, как времена года двигали Землю.

He sat by Thornton's fire, strong-chested and white-fanged.

Он сидел у костра Торнтона, с мощной грудью и белыми клыками.

His long fur waved, but behind him the spirits of wild dogs watched.

Его длинная шерсть развевалась, но за ним наблюдали духи диких собак.

Half-wolves and full wolves stirred within his heart and senses.

В его сердце и чувствах шевелились полуволки и полные волки.

They tasted his meat and drank the same water that he did.

Они попробовали его мясо и выпили ту же воду, что и он.

They sniffed the wind alongside him and listened to the forest.

Они шли рядом с ним и принюхивались к ветру и лесу.

They whispered the meanings of the wild sounds in the darkness.

Они нашёптывали в темноте значение диких звуков.

They shaped his moods and guided each of his quiet reactions.

Они формировали его настроение и направляли каждую из его тихих реакций.

They lay with him as he slept and became part of his deep dreams.

Они лежали рядом с ним, пока он спал, и стали частью его глубоких снов.

They dreamed with him, beyond him, and made up his very spirit.

Они мечтали вместе с ним, за его пределами и составляли его душу.

The spirits of the wild called so strongly that Buck felt pulled.

Духи дикой природы звали его так сильно, что Бак почувствовал притяжение.

Each day, mankind and its claims grew weaker in Buck's heart.

С каждым днем человечество и его притязания становились все слабее в сердце Бака.

Deep in the forest, a strange and thrilling call was going to rise.

Где-то в глубине леса раздался странный и волнующий зов.

Every time he heard the call, Buck felt an urge he could not resist.

Каждый раз, когда Бак слышал этот зов, он чувствовал желание, которому не мог противиться.

He was going to turn from the fire and from the beaten human paths.

Он собирался отвернуться от огня и от проторенных человеческих путей.

He was going to plunge into the forest, going forward without knowing why.

Он собирался нырнуть в лес, двигаясь вперед, сам не зная зачем.

He did not question this pull, for the call was deep and powerful.

Он не подвергал сомнению этот призыв, поскольку зов был глубоким и сильным.

Often, he reached the green shade and soft untouched earth

Часто он достигал зеленой тени и мягкой нетронутой земли.

But then the strong love for John Thornton pulled him back to the fire.

Но затем сильная любовь к Джону Торнтону снова вернула его к огню.

Only John Thornton truly held Buck's wild heart in his grasp.

Только Джон Торнтон по-настоящему держал в своих руках дикое сердце Бака.

The rest of mankind had no lasting value or meaning to Buck.

Остальное человечество не имело для Бака никакой непреходящей ценности или значения.

Strangers might praise him or stroke his fur with friendly hands.

Незнакомцы могут хвалить его или дружески гладить его шерсть.

Buck remained unmoved and walked off from too much affection.

Бэк остался невозмутим и отошел от избытка чувств.

Hans and Pete arrived with the raft that had long been awaited

Ганс и Пит прибыли на плоту, которого долго ждали.

Buck ignored them until he learned they were close to Thornton.

Бак игнорировал их, пока не узнал, что они находятся недалеко от Торнтона.

After that, he tolerated them, but never showed them full warmth.

После этого он терпел их, но никогда не проявлял к ним полной теплоты.

He took food or kindness from them as if doing them a favor.

Он принимал от них еду и ласку, как будто делал им одолжение.

They were like Thornton — simple, honest, and clear in thought.

Они были похожи на Торнтона — простые, честные и с ясными мыслями.

All together they traveled to Dawson's saw-mill and the great eddy

Все вместе они отправились на лесопилку Доусона и к большому водовороту.

On their journey the learned to understand Buck's nature deeply.

Во время своего путешествия они научились глубоко понимать натуру Бака.

They did not try to grow close like Skeet and Nig had done.

Они не пытались сблизиться, как Скит и Ниг.

But Buck's love for John Thornton only deepened over time.

Но любовь Бака к Джону Торнтону со временем только крепла.

Only Thornton could place a pack on Buck's back in the summer.

Только Торнтон мог летом накинуть рюкзак на спину Бэка.

Whatever Thornton commanded, Buck was willing to do fully.

Что бы ни приказал Торнтон, Бак был готов выполнить в полном объеме.

One day, after they left Dawson for the headwaters of the Tanana,

Однажды, после того как они покинули Доусон и направились к верховьям Тананы,

the group sat on a cliff that dropped three feet to bare bedrock.

Группа сидела на скале, обрывавшейся на три фута к голой скале.

John Thornton sat near the edge, and Buck rested beside him.

Джон Торнтон сидел у края, а Бак отдыхал рядом с ним.

Thornton had a sudden thought and called the men's attention.

Торнтону внезапно пришла в голову мысль, и он привлек внимание мужчин.

He pointed across the chasm and gave Buck a single command.

Он указал на пропасть и отдал Бак одну команду.

"Jump, Buck!" he said, swinging his arm out over the drop.

«Прыгай, Бак!» — сказал он, замахнувшись рукой над пропастью.

In a moment, he had to grab Buck, who was leaping to obey.

Через мгновение ему пришлось схватить Бака, который прыгнул, чтобы повиноваться.

Hans and Pete rushed forward and pulled both back to safety.

Ганс и Пит бросились вперед и оттащили обоих в безопасное место.

After all ended, and they had caught their breath, Pete spoke up.

Когда все закончилось и они перевели дух, заговорил Пит.

"The love's uncanny," he said, shaken by the dog's fierce devotion.

«Эта любовь сверхъестественна», — сказал он, потрясенный яростной преданностью собаки.

Thornton shook his head and replied with calm seriousness.

Торнтон покачал головой и ответил со спокойной серьезностью.

"No, the love is splendid," he said, "but also terrible."

«Нет, любовь прекрасна, — сказал он, — но и ужасна».

"Sometimes, I must admit, this kind of love makes me afraid."

«Иногда, должен признаться, такая любовь пугает меня».

Pete nodded and said, "I'd hate to be the man who touches you."

Пит кивнул и сказал: «Я бы не хотел быть тем мужчиной, который тебя коснется».

He looked at Buck as he spoke, serious and full of respect.

Говоря это, он смотрел на Бака серьезно и с уважением.

"Py Jingo!" said Hans quickly. "Me either, no sir."

«Py Jingo!» — быстро сказал Ганс. «Я тоже, нет, сэр».

Before the year ended, Pete's fears came true at Circle City.
Еще до конца года опасения Пита в Серкл-Сити
оправдались.

A cruel man named Black Burton picked a fight in the bar.
Жестокий человек по имени Блэк Бертон затеял драку в
баре.

**He was angry and malicious, lashing out at a new
tenderfoot.**
Он был зол и злобен, набрасывался на нового новичка.

John Thornton stepped in, calm and good-natured as always.
Вошел Джон Торнтон, как всегда спокойный и
добродушный.

Buck lay in a corner, head down, watching Thornton closely.
Бак лежал в углу, опустив голову, и внимательно наблюдал
за Торнтоном.

**Burton suddenly struck, his punch sending Thornton
spinning.**
Бёртон внезапно нанес удар, от которого Торнтон
развернулся.

**Only the bar's rail kept him from crashing hard to the
ground.**
Только перила бара удержали его от сильного падения на
землю.

The watchers heard a sound that was not bark or yelp
Наблюдатели услышали звук, который не был похож ни
на лай, ни на визг.

a deep roar came from Buck as he launched toward the man.
Бак издал глубокий рев, бросившись на мужчину.

Burton threw his arm up and barely saved his own life.
Бертон вскинул руку и едва спас свою жизнь.

Buck crashed into him, knocking him flat onto the floor.
Бак врезался в него, сбив его с ног и повалив на пол.

Buck bit deep into the man's arm, then lunged for the throat.
Бак глубоко впился зубами в руку мужчины, а затем
бросился к горлу.

Burton could only partly block, and his neck was torn open.

Бертон смог лишь частично заблокировать удар, и его шея была разорвана.

Men rushed in, clubs raised, and drove Buck off the bleeding man.

Мужчины ворвались туда, подняли дубинки и оттолкнули Бака от истекающего кровью мужчины.

A surgeon worked quickly to stop the blood from flowing out.

Хирург быстро остановил кровотечение.

Buck paced and growled, trying to attack again and again.

Бэк ходил взад-вперед и рычал, пытаясь атаковать снова и снова.

Only swinging clubs kept him back from reaching Burton.

Только размахивание дубинками помешало ему добраться до Бертона.

A miners' meeting was called and held right there on the spot.

Тут же на месте был созван и проведен митинг шахтеров.

They agreed Buck had been provoked and voted to set him free.

Они согласились, что Бака спровоцировали, и проголосовали за его освобождение.

But Buck's fierce name now echoed in every camp in Alaska.

Но свирепое имя Бака теперь разносилось по всем лагерям Аляски.

Later that fall, Buck saved Thornton again in a new way.

Позже той осенью Бак снова спас Торнтона, но уже новым способом.

The three men were guiding a long boat down rough rapids.

Трое мужчин вели длинную лодку по бурным порогам.

Thornton maned the boat, calling directions to the shoreline.

Торнтон управлял лодкой, отдавая команды на пути к берегу.

Hans and Pete ran on land, holding a rope from tree to tree.

Ганс и Пит бежали по суше, держась за веревку от дерева к дереву.

Buck kept pace on the bank, always watching his master.

Бэк шагал по берегу, не сводя глаз с хозяина.

At one nasty place, rocks jutted out under the fast water.

В одном опасном месте из-под быстрой воды торчали камни.

Hans let go of the rope, and Thornton steered the boat wide.

Ганс отпустил веревку, и Торнтон направил лодку в сторону.

Hans sprinted to catch the boat again past the dangerous rocks.

Ганс побежал, чтобы снова догнать лодку, минуя опасные скалы.

The boat cleared the ledge but hit a stronger part of the current.

Лодка преодолела уступ, но попала в более сильный участок течения.

Hans grabbed the rope too quickly and pulled the boat off balance.

Ганс схватил веревку слишком быстро и вывел лодку из равновесия.

The boat flipped over and slammed into the bank, bottom up.

Лодка перевернулась и врезалась в берег днищем вверх.

Thornton was thrown out and swept into the wildest part of the water.

Торнтона выбросило за борт и унесло в самое бурное место.

No swimmer could have survived in those deadly, racing waters.

Ни один пловец не смог бы выжить в этих смертоносных, бурных водах.

Buck jumped in instantly and chased his master down the river.

Бэк тут же прыгнул в воду и погнался за хозяином вниз по реке.

After three hundred yards, he reached Thornton at last.

Пройдя триста ярдов, он наконец добрался до Торнтона.

Thornton grabbed Buck's tail, and Buck turned for the shore.

Торнтон схватил Бака за хвост, и тот повернул к берегу.

He swam with full strength, fighting the water's wild drag.

Он плыл изо всех сил, борясь с сильным сопротивлением воды.

They moved downstream faster than they could reach the shore.

Они двигались вниз по течению быстрее, чем успевали достичь берега.

Ahead, the river roared louder as it fell into deadly rapids.

Впереди река ревела громче, падая в смертоносные пороги.

Rocks sliced through the water like the teeth of a huge comb.

Камни разрезали воду, словно зубья огромного гребня.

The pull of the water near the drop was savage and inescapable.

Притяжение воды возле обрыва было диким и неотвратимым.

Thornton knew they could never make the shore in time.

Торнтон знал, что они не смогут добраться до берега вовремя.

He scraped over one rock, smashed across a second,

Он прошёлся по одному камню, разбил другой,

And then he crashed into a third rock, grabbing it with both hands.

А затем он врезался в третий камень, схватившись за него обеими руками.

He let go of Buck and shouted over the roar, "Go, Buck! Go!"

Он отпустил Бака и крикнул, перекрывая рёв: «Вперёд, Бак! Вперёд!»

Buck could not stay afloat and was swept down by the current.

Бак не смог удержаться на плаву и был унесён течением.

He fought hard, struggling to turn, but made no headway at all.

Он упорно боролся, пытаясь повернуться, но не добился никакого прогресса.

Then he heard Thornton repeat the command over the river's roar.

Затем он услышал, как Торнтон повторил команду, перекрывая рев реки.

Buck reared out of the water, raised his head as if for a last look.

Бак вынырнул из воды и поднял голову, словно для последнего взгляда.

then turned and obeyed, swimming toward the bank with resolve.

затем повернулся и повиновался, решительно поплыв к берегу.

Pete and Hans pulled him ashore at the final possible moment.

Пит и Ганс вытащили его на берег в последний возможный момент.

They knew Thornton could cling to the rock for only minutes more.

Они знали, что Торнтон сможет продержаться на скале всего несколько минут.

They ran up the bank to a spot far above where he was hanging.

Они побежали по берегу к месту, намного выше того места, где он висел.

They tied the boat's line to Buck's neck and shoulders carefully.

Они осторожно привязали лодочный трос к шее и плечам Бака.

The rope was snug but loose enough for breathing and movement.

Веревка была натянута плотно, но достаточно свободно для дыхания и движения.

Then they launched him into the rushing, deadly river again.

Затем они снова бросили его в бурную, смертоносную реку.

Buck swam boldly but missed his angle into the stream's force.

Бак плыл смело, но не попал под струю течения.

He saw too late that he was going to drift past Thornton.

Он слишком поздно понял, что его пронесет мимо Торнтона.

Hans jerked the rope tight, as if Buck were a capsizing boat.

Ганс дернул веревку так, словно Бак был переворачивающейся лодкой.

The current pulled him under, and he vanished below the surface.

Течение потянуло его под воду, и он исчез под поверхностью.

His body struck the bank before Hans and Pete pulled him out.

Его тело ударилось о берег, прежде чем Ганс и Пит вытащили его.

He was half-drowned, and they pounded the water out of him.

Он был полузатоплен, и они выкачали из него воду.

Buck stood, staggered, and collapsed again onto the ground.

Бак встал, пошатнулся и снова рухнул на землю.

Then they heard Thornton's voice faintly carried by the wind.

Затем они услышали голос Торнтона, слабо доносимый ветром.

Though the words were unclear, they knew he was near death.

Хотя слова были неясны, они знали, что он близок к смерти.

The sound of Thornton's voice hit Buck like an electric jolt.

Звук голоса Торнтона поразил Бака словно удар током.

He jumped up and ran up the bank, returning to the launch point.

Он вскочил и побежал вверх по берегу, возвращаясь к точке старта.

Again they tied the rope to Buck, and again he entered the stream.

Они снова привязали веревку к Бэку, и он снова вошел в ручей.

This time, he swam directly and firmly into the rushing water.

На этот раз он решительно и прямо поплыл в бурлящую воду.

Hans let out the rope steadily while Pete kept it from tangling.

Ганс плавно отпускал веревку, а Пит следил, чтобы она не запутывалась.

Buck swam hard until he was lined up just above Thornton.

Бак плыл изо всех сил, пока не оказался прямо над Торнтоном.

Then he turned and charged down like a train in full speed.

Затем он повернулся и помчался вниз, словно поезд на полной скорости.

Thornton saw him coming, braced, and locked arms around his neck.

Торнтон увидел его, приготовился и обхватил руками его шею.

Hans tied the rope fast around a tree as both were pulled under.

Ганс крепко привязал веревку к дереву, и их обоих потянуло под воду.

They tumbled underwater, smashing into rocks and river debris.

Они падали под воду, разбиваясь о камни и речной мусор.

One moment Buck was on top, the next Thornton rose gasping.

В один момент Бак был сверху, в следующий момент Торнтон поднялся, задыхаясь.

Battered and choking, they veered to the bank and safety.

Избитые и задыхающиеся, они направились к берегу, в безопасное место.

Thornton regained consciousness, lying across a drift log.

Торнтон пришел в сознание, лежа на дрейфующем бревне.

Hans and Pete worked him hard to bring back breath and life.

Ганс и Пит упорно трудились, чтобы вернуть ему дыхание и жизнь.

His first thought was for Buck, who lay motionless and limp.

Его первая мысль была о Баке, который лежал неподвижно и безвольно.

Nig howled over Buck's body, and Skeet licked his face gently.

Ниг взвыл над телом Бака, а Скит нежно лизнул его лицо.

Thornton, sore and bruised, examined Buck with careful hands.

Торнтон, весь в синяках и ушибах, осторожно осмотрел Бака.

He found three ribs broken, but no deadly wounds in the dog.

Он обнаружил, что у собаки сломаны три ребра, но смертельных ран не обнаружено.

"That settles it," Thornton said. "We camp here." And they did.

«Это решает все», — сказал Торнтон. «Мы разобьем лагерь здесь». И они это сделали.

They stayed until Buck's ribs healed and he could walk again.

Они оставались там до тех пор, пока ребра Бака не зажили и он снова не смог ходить.

That winter, Buck performed a feat that raised his fame further.

Той зимой Бак совершил подвиг, который еще больше повысил его славу.

It was less heroic than saving Thornton, but just as impressive.

Это было менее героически, чем спасение Торнтона, но столь же впечатляюще.

At Dawson, the partners needed supplies for a distant journey.

В Доусоне партнерам понадобились припасы для дальнего путешествия.

They wanted to travel East, into untouched wilderness lands.

Они хотели отправиться на Восток, в нетронутые дикие земли.

Buck's deed in the Eldorado Saloon made that trip possible.

Благодаря поступку Бака в салуне «Эльдорадо» эта поездка стала возможной.

It began with men bragging about their dogs over drinks.

Все началось с того, что мужчины хвастались своими собаками за выпивкой.

Buck's fame made him the target of challenges and doubt.

Слава Бака сделала его объектом вызовов и сомнений.

Thornton, proud and calm, stood firm in defending Buck's name.

Торнтон, гордый и спокойный, твердо стоял на защите имени Бака.

One man said his dog could pull five hundred pounds with ease.

Один мужчина сказал, что его собака может легко тянуть пятьсот фунтов.

Another said six hundred, and a third bragged seven hundred.

Другой сказал, что шестьсот, а третий похвастался, что семьсот.

"Pfft!" said John Thornton, "Buck can pull a thousand pound sled."

«Пфф!» — сказал Джон Торнтон. «Бак может тянуть сани весом в тысячу фунтов».

Matthewson, a Bonanza King, leaned forward and challenged him.

Мэтьюсон, король Бонанзы, наклонился вперед и бросил ему вызов.

"You think he can put that much weight into motion?"

«Вы думаете, он сможет привести в движение такой вес?»

"And you think he can pull the weight a full hundred yards?"

«И вы думаете, он сможет протянуть этот вес на целых сто ярдов?»

Thornton replied coolly, "Yes. Buck is dog enough to do it."

Торнтон холодно ответил: «Да. Бак достаточно храбрый, чтобы сделать это».

"He'll put a thousand pounds into motion, and pull it a hundred yards."

«Он приведет в движение тысячу фунтов и протащит ее на сто ярдов».

Matthewson smiled slowly and made sure all men heard his words.

Мэтьюсон медленно улыбнулся и постарался, чтобы все услышали его слова.

"I've got a thousand dollars that says he can't. There it is."

«У меня есть тысяча долларов, которая говорит, что он не сможет. Вот она».

He slammed a sack of gold dust the size of sausage on the bar.

Он швырнул на стойку бара мешок с золотой пылью размером с сосиску.

Nobody said a word. The silence grew heavy and tense around them.

Никто не сказал ни слова. Тишина вокруг них стала тяжелой и напряженной.

Thornton's bluff—if it was one—had been taken seriously.

Блеф Торнтона — если это был блеф — был воспринят всерьез.

He felt heat rise in his face as blood rushed to his cheeks.

Он почувствовал, как к лицу приливает жар, а кровь прилила к щекам.

His tongue had gotten ahead of his reason in that moment.

В этот момент его язык опередил разум.

He truly didn't know if Buck could move a thousand pounds.

Он действительно не знал, сможет ли Бак поднять тысячу фунтов.

Half a ton! The size of it alone made his heart feel heavy.

Полтонны! От одного только размера у него на сердце стало тяжело.

He had faith in Buck's strength and had thought him capable.

Он верил в силу Бака и считал его способным.

But he had never faced this kind of challenge, not like this.

Но он никогда не сталкивался с подобными испытаниями.

A dozen men watched him quietly, waiting to see what he'd do.

Дюжина мужчин молча наблюдали за ним, ожидая, что он сделает.

He didn't have the money—neither did Hans or Pete.

У него не было денег, как и у Ганса с Питом.

"I've got a sled outside," said Matthewson coldly and direct.

«У меня на улице есть сани», — холодно и прямо сказал Мэтьюсон.

"It's loaded with twenty sacks, fifty pounds each, all flour.

«Он загружен двадцатью мешками, по пятьдесят фунтов каждый, все с мукой.

So don't let a missing sled be your excuse now," he added.

Так что не позволяйте пропавшим саням стать вашим оправданием», — добавил он.

Thornton stood silent. He didn't know what words to offer.

Торнтон молчал. Он не знал, какие слова предложить.

He looked around at the faces without seeing them clearly.

Он оглядел лица, но не мог их ясно разглядеть.

He looked like a man frozen in thought, trying to restart.

Он был похож на человека, застывшего в мыслях и пытающегося начать все сначала.

Then he saw Jim O'Brien, a friend from the Mastodon days.

Затем он увидел Джима О'Брайена, друга со времен Mastodon.

That familiar face gave him courage he didn't know he had.

Это знакомое лицо придало ему смелости, о существовании которой он и не подозревал.

He turned and asked in a low voice, "Can you lend me a thousand?"

Он повернулся и тихо спросил: «Можете ли вы одолжить мне тысячу?»

"Sure," said O'Brien, dropping a heavy sack by the gold already.

«Конечно», — сказал О'Брайен, уже сбросив тяжелый мешок с золотом.

"But truthfully, John, I don't believe the beast can do this."

«Но, честно говоря, Джон, я не верю, что зверь способен на это».

Everyone in the Eldorado Saloon rushed outside to see the event.

Все посетители салуна «Эльдорадо» выбежали на улицу, чтобы посмотреть на событие.

They left tables and drinks, and even the games were paused.

Они оставили столы и напитки, и даже игры были приостановлены.

Dealers and gamblers came to witness the bold wager's end.

Дилеры и игроки пришли стать свидетелями конца смелого пари.

Hundreds gathered around the sled in the icy open street.

Сотни людей собрались вокруг саней на открытой ледяной улице.

Matthewson's sled stood with a full load of flour sacks.

Сани Мэтьюсона были полностью загружены мешками с мукой.

The sled had been sitting for hours in minus temperatures.

Сани простояли несколько часов при минусовой температуре.

The sled's runners were frozen tight to the packed-down snow.

Полозья саней намертво примерзли к утрамбованному снегу.

Men offered two-to-one odds that Buck could not move the sled.

Мужчины поставили два к одному на то, что Бак не сможет сдвинуть сани.

A dispute broke out about what "break out" really meant.

Разгорелся спор о том, что на самом деле означает слово «прорваться».

O'Brien said Thornton should loosen the sled's frozen base.

О'Брайен сказал, что Торнтону следует ослабить замороженное основание саней.

Buck could then "break out" from a solid, motionless start.

Затем Бак смог «вырваться» из твердого, неподвижного старта.

Matthewson argued the dog must break the runners free too.

Мэтьюсон утверждал, что собака также должна освободить бегунов.

The men who had heard the bet agreed with Matthewson's view.

Люди, слышавшие о пари, согласились с точкой зрения Мэтьюсона.

With that ruling, the odds jumped to three-to-one against Buck.

После этого решения шансы на победу Бака возросли до трех к одному.

No one stepped forward to take the growing three-to-one odds.

Никто не решился принять растущие шансы три к одному.

Not a single man believed Buck could perform the great feat.

Ни один человек не верил, что Бак способен совершить такой великий подвиг.

Thornton had been rushed into the bet, heavy with doubts.

Торнтон поспешно заключил пари, полный сомнений.

Now he looked at the sled and the ten-dog team beside it.

Теперь он посмотрел на сани и упряжку из десяти собак рядом с ними.

Seeing the reality of the task made it seem more impossible.

Осознание реальности задачи сделало ее еще более невыполнимой.

Matthewson was full of pride and confidence in that moment.

В тот момент Мэтьюсон был полон гордости и уверенности.

"Three to one!" he shouted. "I'll bet another thousand, Thornton!

«Три к одному!» — крикнул он. «Ставлю еще тысячу, Торнтон!

What do you say?" he added, loud enough for all to hear.

Что ты скажешь?» — добавил он достаточно громко, чтобы все услышали.

Thornton's face showed his doubts, but his spirit had risen.

На лице Торнтона отразились сомнения, но дух его воспрял.

That fighting spirit ignored odds and feared nothing at all.

Этот боевой дух не признавал трудностей и не боялся ничего.

He called Hans and Pete to bring all their cash to the table.

Он позвонил Гансу и Питу, чтобы они принесли все свои деньги.

They had little left—only two hundred dollars combined.

У них осталось совсем немного — всего двести долларов.

This small sum was their total fortune during hard times.

Эта небольшая сумма была их единственным богатством в трудные времена.

Still, they laid all of the fortune down against Matthewson's bet.

Тем не менее, они поставили все свое состояние на ставку Мэтьюсона.

The ten-dog team was unhitched and moved away from the sled.

Упряжку из десяти собак отцепили и отвели от саней.

Buck was placed in the reins, wearing his familiar harness.

Бэка посадили на поводья, надев на него знакомую сбрую.

He had caught the energy of the crowd and felt the tension.

Он уловил энергию толпы и почувствовал напряжение.

Somehow, he knew he had to do something for John Thornton.

Каким-то образом он понял, что должен что-то сделать для Джона Торнтона.

People murmured with admiration at the dog's proud figure.

Люди восхищенно перешептывались, глядя на гордую фигуру собаки.

He was lean and strong, without a single extra ounce of flesh.

Он был поджарым и сильным, без единой лишней унции жира.

His full weight of hundred fifty pounds was all power and endurance.

Его полный вес в сто пятьдесят фунтов был воплощением силы и выносливости.

Buck's coat gleamed like silk, thick with health and strength.

Шерсть Бэка блестела, как шелк, густая от здоровья и силы.

The fur along his neck and shoulders seemed to lift and bristle.

Шерсть на его шее и плечах, казалось, встала дыбом.

His mane moved slightly, each hair alive with his great energy.

Его грива слегка шевелилась, каждый волосок оживал благодаря его огромной энергии.

His broad chest and strong legs matched his heavy, tough frame.

Его широкая грудь и сильные ноги соответствовали его тяжелому, крепкому телу.

Muscles rippled under his coat, tight and firm as bound iron.

Под его пальто перекатывались мускулы, упругие и крепкие, как кованое железо.

Men touched him and swore he was built like a steel machine.

Мужчины прикасались к нему и клялись, что он был сложен, как стальная машина.

The odds dropped slightly to two to one against the great dog.

Шансы немного снизились до двух к одному против великой собаки.

A man from the Skookum Benches pushed forward, stuttering.

Мужчина из Скукумского суда, заикаясь, протиснулся вперед.

"Good, sir! I offer eight hundred for him — before the test, sir!"

"Хорошо, сэр! Я предлагаю за него восемьсот — до испытания, сэр!"

"Eight hundred, as he stands right now!" the man insisted.

«Восемьсот, как он стоит сейчас!» — настаивал мужчина.

Thornton stepped forward, smiled, and shook his head calmly.

Торнтон шагнул вперед, улыбнулся и спокойно покачал головой.

Matthewson quickly stepped in with a warning voice and frown.

Мэтьюсон быстро вмешался, предупредив и нахмурившись.

"You must step away from him," he said. "Give him space."

«Вы должны отойти от него, — сказал он. — Дайте ему пространство».

The crowd grew silent; only gamblers still offered two to one.

Толпа затихла, только игроки продолжали ставить два к одному.

Everyone admired Buck's build, but the load looked too great.

Все восхищались телосложением Бака, но груз казался слишком большим.

Twenty sacks of flour—each fifty pounds in weight—seemed far too much.

Двадцать мешков муки — каждый весом в пятьдесят фунтов — показались мне слишком большим грузом.

No one was willing to open their pouch and risk their money.

Никто не хотел открывать свой кошелек и рисковать своими деньгами.

Thornton knelt beside Buck and took his head in both hands.

Торнтон опустился на колени рядом с Баком и взял его голову обеими руками.

He pressed his cheek against Buck's and spoke into his ear.

Он прижался щекой к щеке Бака и заговорил ему на ухо.

There was no playful shaking or whispered loving insults now.

Больше не было игривых пожатий или шепота любовных оскорблений.

He only murmured softly, "As much as you love me, Buck."

Он только тихо пробормотал: «Как бы сильно ты меня ни любил, Бак».

Buck let out a quiet whine, his eagerness barely restrained.

Бак тихонько заскулил, его рвение было едва сдержано.

The onlookers watched with curiosity as tension filled the air.

Зрители с любопытством наблюдали, как в воздухе царит напряжение.

The moment felt almost unreal, like something beyond reason.

Этот момент казался почти нереальным, чем-то выходящим за рамки разумного.

When Thornton stood, Buck gently took his hand in his jaws.

Когда Торнтон встал, Бак осторожно взял его руку в свои челюсти.

He pressed down with his teeth, then let go slowly and gently.

Он надавил зубами, а затем медленно и осторожно отпустил.

It was a silent answer of love, not spoken, but understood.

Это был молчаливый ответ любви, не высказанный, но понятый.

Thornton stepped well back from the dog and gave the signal.

Торнтон отошел от собаки на достаточное расстояние и подал сигнал.

"Now, Buck," he said, and Buck responded with focused calm.

«Ну, Бак», — сказал он, и Бак ответил сосредоточенно и спокойно.

Buck tightened the traces, then loosened them by a few inches.

Бак натянул постромки, а затем ослабил их на несколько дюймов.

This was the method he had learned; his way to break the sled.

Это был метод, которому он научился; его способ сломать сани.

"Gee!" Thornton shouted, his voice sharp in the heavy silence.

«Ух ты!» — крикнул Торнтон, его голос прозвучал резко в тяжелой тишине.

Buck turned to the right and lunged with all of his weight.

Бак повернулся вправо и бросился вперед всем своим весом.

The slack vanished, and Buck's full mass hit the tight traces.

Провисание исчезло, и вся масса Бака ударилась о натянутые постромки.

The sled trembled, and the runners made a crisp crackling sound.

Сани задрожали, полозья издали резкий треск.

"Haw!" Thornton commanded, shifting Buck's direction again.

«Ха!» — скомандовал Торнтон, снова меняя направление движения Бака.

Buck repeated the move, this time pulling sharply to the left.

Бак повторил движение, на этот раз резко повернув влево.

The sled cracked louder, the runners snapping and shifting.

Сани затрещали громче, полозья затрещали и задвигались.

The heavy load slid slightly sideways across the frozen snow.

Тяжелый груз слегка скользил вбок по замерзшему снегу.

The sled had broken free from the grip of the icy trail!

Сани вырвались из цепких объятий ледяной тропы!

Men held their breath, unaware they were not even breathing.

Мужчины затаили дыхание, не осознавая, что они даже не дышат.

"Now, PULL!" Thornton cried out across the frozen silence.

«Теперь ТЯНИ!» — крикнул Торнтон сквозь застывшую тишину.

Thornton's command rang out sharp, like the crack of a whip.

Приказ Торнтона прозвучал резко, как удар хлыста.

Buck hurled himself forward with a fierce and jarring lunge.

Бак бросился вперед яростным и резким рывком.

His whole frame tensed and bunched for the massive strain.

Все его тело напряглось и сжалось от огромной нагрузки.

Muscles rippled under his fur like serpents coming alive.

Мышцы перекатывались под его шерстью, словно оживающие змеи.

His great chest was low, head stretched forward toward the sled.

Его большая грудь была опущена, голова вытянута вперед, к саням.

His paws moved like lightning, claws slicing the frozen
ground.

Его лапы двигались со скоростью молнии, когти разрезали
мерзлую землю.

Grooves were cut deep as he fought for every inch of
traction.

Борозды были глубокими, поскольку он боролся за
каждый дюйм сцепления.

The sled rocked, trembled, and began a slow, uneasy
motion.

Сани качнулись, задрожали и начали медленное,
беспокойное движение.

One foot slipped, and a man in the crowd groaned aloud.

Одна нога поскользнулась, и кто-то в толпе громко
застонал.

Then the sled lunged forward in a jerking, rough movement.

Затем сани рванули вперед резким, резким движением.

It didn't stop again—half an inch...an inch...two inches more.

Он больше не останавливался — еще полдюйма... дюйм...
два дюйма.

The jerks became smaller as the sled began to gather speed.

По мере того, как сани набирали скорость, рывки
становились слабее.

Soon Buck was pulling with smooth, even, rolling power.

Вскоре Бак уже тянул с плавной, ровной, катящейся
силой.

Men gasped and finally remembered to breathe again.

Мужчины ахнули и, наконец, снова вспомнили, что нужно
дышать.

They had not noticed their breath had stopped in awe.

Они не заметили, как от благоговения у них перехватило
дыхание.

Thornton ran behind, calling out short, cheerful commands.

Торнтон бежал позади, выкрикивая короткие, веселые
команды.

Ahead was a stack of firewood that marked the distance.

Впереди виднелась поленница дров, обозначавшая расстояние.

As Buck neared the pile, the cheering grew louder and louder.

По мере того, как Бак приближался к куче, крики становились все громче и громче.

The cheering swelled into a roar as Buck passed the end point.

Когда Бак миновал конечную точку, крики радости переросли в рев.

Men jumped and shouted, even Matthewson broke into a grin.

Мужчины подпрыгивали и кричали, даже Мэтьюсон расплылся в улыбке.

Hats flew into the air, mittens were tossed without thought or aim.

Шапки летели в воздух, варежки швырялись без всякой цели и мысли.

Men grabbed each other and shook hands without knowing who.

Мужчины обнимали друг друга и пожимали руки, не зная, кому именно.

The whole crowd buzzed in wild, joyful celebration.

Вся толпа гудела от бурного, радостного ликования.

Thornton dropped to his knees beside Buck with trembling hands.

Торнтон упал на колени рядом с Баком, его руки дрожали.

He pressed his head to Buck's and shook him gently back and forth.

Он прижал свою голову к голове Бака и легонько покачал его взад и вперед.

Those who approached heard him curse the dog with quiet love.

Приходившие слышали, как он с тихой любовью проклинал собаку.

He swore at Buck for a long time—softly, warmly, with emotion.

Он долго ругал Бака — тихо, горячо, эмоционально.

"Good, sir! Good, sir!" cried the Skookum Bench king in a rush.

«Хорошо, сэр! Хорошо, сэр!» — в спешке воскликнул король Скукум-Бенч.

"I'll give you a thousand—no, twelve hundred—for that dog, sir!"

«Я дам вам тысячу — нет, тысячу двести — за эту собаку, сэр!»

Thornton rose slowly to his feet, his eyes shining with emotion.

Торнтон медленно поднялся на ноги, его глаза сияли от волнения.

Tears streamed openly down his cheeks without any shame.

Слезы текли по его щекам, не вызывая никакого стыда.

"Sir," he said to the Skookum Bench king, steady and firm

«Сэр», — сказал он королю Скукум-Бенч, твердо и твердо.

"No, sir. You can go to hell, sir. That's my final answer."

«Нет, сэр. Вы можете идти к черту, сэр. Это мой окончательный ответ».

Buck grabbed Thornton's hand gently in his strong jaws.

Бак нежно схватил руку Торнтона своими сильными челюстями.

Thornton shook him playfully, their bond deep as ever.

Торнтон игриво встряхнул его, их связь была крепка, как никогда.

The crowd, moved by the moment, stepped back in silence.

Толпа, тронутая этим моментом, молча отступила.

From then on, none dared interrupt such sacred affection.

С тех пор никто не осмеливался прерывать эту священную привязанность.

The Sound of the Call
Звук Зова

Buck had earned sixteen hundred dollars in five minutes.
Бак заработал тысячу шестьсот долларов за пять минут.

The money let John Thornton pay off some of his debts.
Эти деньги позволили Джону Торнтону погасить часть своих долгов.

With the rest of the money he headed East with his partners.
На оставшиеся деньги он вместе со своими партнерами отправился на Восток.

They sought a fabled lost mine, as old as the country itself.
Они искали легендарную затерянную шахту, такую же старую, как и сама страна.

Many men had looked for the mine, but few had ever found it.
Многие искали эту шахту, но мало кто ее нашел.

More than a few men had vanished during the dangerous quest.
Во время опасного похода пропало немало людей.

This lost mine was wrapped in both mystery and old tragedy.
Эта затерянная шахта была окутана тайной и давней трагедией.

No one knew who the first man to find the mine had been.
Никто не знал, кто был первым человеком, нашедшим шахту.

The oldest stories don't mention anyone by name.
В самых старых историях не упоминается ни одно имя.

There had always been an ancient ramshackle cabin there.
Там всегда стояла старая ветхая хижина.

Dying men had sworn there was a mine next to that old cabin.
Умирающие клялись, что рядом с той старой хижиной находится мина.

They proved their stories with gold like none found elsewhere.

Они подтвердили свои истории золотом, не имеющим аналогов в других местах.

No living soul had ever looted the treasure from that place.

Ни одна живая душа никогда не грабила сокровища из этого места.

The dead were dead, and dead men tell no tales.

Мертвые были мертвы, а мертвые не рассказывают сказок.

So Thornton and his friends headed into the East.

Итак, Торнтон и его друзья направились на Восток.

Pete and Hans joined, bringing Buck and six strong dogs.

К ним присоединились Пит и Ганс, приведя с собой Бака и шесть сильных собак.

They set off down an unknown trail where others had failed.

Они отправились по неизвестному пути, где другие потерпели неудачу.

They sledded seventy miles up the frozen Yukon River.

Они проехали семьдесят миль вверх по замерзшей реке Юкон.

They turned left and followed the trail into the Stewart.

Они повернули налево и пошли по тропе к Стюарту.

They passed the Mayo and McQuestion, pressing farther on.

Они миновали Мейо и МакКвестон и продолжили путь.

The Stewart shrank into a stream, threading jagged peaks.

Стюарт превратился в ручей, пронизывающий острые вершины.

These sharp peaks marked the very spine of the continent.

Эти острые пики обозначали самый хребет континента.

John Thornton demanded little from men or the wild land.

Джон Торнтон мало чего требовал от людей и дикой природы.

He feared nothing in nature and faced the wild with ease.

Он не боялся ничего на природе и с легкостью сталкивался с дикой природой.

With only salt and a rifle, he could travel where he wished.

Имея при себе только соль и винтовку, он мог путешествовать, куда пожелает.

Like the natives, he hunted food while he journeyed along.

Как и туземцы, он добывал себе пропитание во время своих путешествий.

If he caught nothing, he kept going, trusting luck ahead.

Если он ничего не поймал, он продолжал путь, надеясь на удачу.

On this long journey, meat was the main thing they ate.

В этом долгом путешествии основным продуктом их питания было мясо.

The sled held tools and ammo, but no strict timetable.

В санях находились инструменты и боеприпасы, но не было четкого расписания.

Buck loved this wandering; the endless hunt and fishing.

Бэку нравились эти странствия, бесконечная охота и рыбалка.

For weeks they were traveling day after steady day.

В течение нескольких недель они путешествовали день за днём.

Other times they made camps and stayed still for weeks.

В других случаях они разбивали лагеря и оставались неподвижными неделями.

The dogs rested while the men dug through frozen dirt.

Собаки отдыхали, пока мужчины копали замерзшую землю.

They warmed pans over fires and searched for hidden gold.

Они грели сковороды на огне и искали спрятанное золото.

Some days they starved, and some days they had feasts.

Иногда они голодали, а иногда устраивали пиры.

Their meals depended on the game and the luck of the hunt.

Их еда зависела от дичи и удачи на охоте.

When summer came, men and dogs packed loads on their backs.

Когда наступило лето, люди и собаки взвалили на свои спины грузы.

They rafted across blue lakes hidden in mountain forests.

Они сплавлялись по голубым озерам, скрытым в горных лесах.

They sailed slim boats on rivers no man had ever mapped.
Они плавали на узких лодках по рекам, которые никто никогда не наносил на карты.
Those boats were built from trees they sawed in the wild.
Эти лодки были построены из деревьев, которые они спилили в дикой природе.

The months passed, and they twisted through the wild unknown lands.
Шли месяцы, и они петляли по диким неизведанным землям.
There were no men there, yet old traces hinted that men had been.
Мужчин там не было, но старые следы намекали на то, что они когда-то были.
If the Lost Cabin was real, then others had once come this way.
Если Затерянная Хижина существует на самом деле, значит, и другие когда-то проходили этим путем.
They crossed high passes in blizzards, even during the summer.
Они пересекали высокогорные перевалы в метели, даже летом.
They shivered under the midnight sun on bare mountain slopes.
Они дрожали под полуночным солнцем на голых склонах гор.
Between the treeline and the snowfields, they climbed slowly.
Они медленно поднимались между линией деревьев и снежными полями.
In warm valleys, they swatted at clouds of gnats and flies.
В теплых долинах они отмахивались от туч комаров и мух.
They picked sweet berries near glaciers in full summer bloom.
Они собирали сладкие ягоды вблизи ледников в период их цветения.

The flowers they found were as lovely as those in the
Southland.
Цветы, которые они нашли, были такими же
прекрасными, как и в Саутленде.
That fall they reached a lonely region filled with silent
lakes.
Осенью они достигли уединенного края, полного
безмолвных озер.
The land was sad and empty, once alive with birds and
beasts.
Земля была печальной и пустынной, когда-то на ней
водились птицы и звери.
Now there was no life, just the wind and ice forming in
pools.
Теперь жизни не было, только ветер и лед, образующийся
в лужах.
Waves lapped against empty shores with a soft, mournful
sound.
Волны плескались о пустые берега с тихим, скорбным
звуком.

Another winter came, and they followed faint, old trails
again.
Наступила еще одна зима, и они снова пошли по едва
заметным старым следам.
These were the trails of men who had searched long before
them.
Это были следы людей, которые искали задолго до них.
Once they found a path cut deep into the dark forest.
Однажды они нашли тропу, ведущую глубоко в темный
лес.
It was an old trail, and they felt the lost cabin was close.
Это была старая тропа, и они чувствовали, что затерянная
хижина где-то рядом.
But the trail led nowhere and faded into the thick woods.
Но тропа никуда не вела и терялась в густом лесу.
Whoever made the trail, and why they made it, no one knew.

Кто и зачем проложил этот путь, никто не знает.

Later, they found the wreck of a lodge hidden among the trees.

Позже они обнаружили руины домика, спрятанные среди деревьев.

Rotting blankets lay scattered where someone once had slept.

Там, где когда-то кто-то спал, валялись гниющие одеяла.

John Thornton found a long-barreled flintlock buried inside.

Джон Торнтон нашел внутри длинноствольное кремневое ружье.

He knew this was a Hudson Bay gun from early trading days.

Он знал, что это ружье из Гудзонова залива, еще с первых дней торговли.

In those days such guns were traded for stacks of beaver skins.

В те времена такие ружья обменивались на стопки бобровых шкур.

That was all—no clue remained of the man who built the lodge.

Вот и все — никаких следов человека, построившего домик, не сохранилось.

Spring came again, and they found no sign of the Lost Cabin.

Снова пришла весна, но они не нашли никаких следов Затерянной Хижины.

Instead they found a broad valley with a shallow stream.

Вместо этого они нашли широкую долину с неглубоким ручьем.

Gold lay across the pan bottoms like smooth, yellow butter.

Золото растеклось по дну кастрюли, словно гладкое желтое масло.

They stopped there and searched no farther for the cabin.

Там они остановились и больше не стали искать хижину.

Each day they worked and found thousands in gold dust.

Каждый день они работали и находили тысячи золотых рудников.

They packed the gold in bags of moose-hide, fifty pounds each.

Они упаковали золото в мешки из лосиной шкуры, по пятьдесят фунтов каждый.

The bags were stacked like firewood outside their small lodge.

Мешки были сложены, словно дрова, возле их маленького домика.

They worked like giants, and the days passed like quick dreams.

Они трудились как гиганты, и дни пролетали как быстрые сны.

They heaped up treasure as the endless days rolled swiftly by.

Они копили сокровища, пока бесконечные дни быстро текли.

There was little for the dogs to do except haul meat now and then.

Собакам почти нечем было заняться, разве что время от времени таскать мясо.

Thornton hunted and killed the game, and Buck lay by the fire.

Торнтон охотился и убивал дичь, а Бак лежал у костра.

He spent long hours in silence, lost in thought and memory.

Он проводил долгие часы в тишине, погруженный в мысли и воспоминания.

The image of the hairy man came more often into Buck's mind.

Образ волосатого человека все чаще приходил в голову Бэку.

Now that work was scarce, Buck dreamed while blinking at the fire.

Теперь, когда работы стало не хватать, Бак мечтал, моргая и глядя на огонь.

In those dreams, Buck wandered with the man in another world.

В этих снах Бак странствовал с этим человеком в другом мире.

Fear seemed the strongest feeling in that distant world.

Страх казался самым сильным чувством в том далеком мире.

Buck saw the hairy man sleep with his head bowed low.

Бак увидел, как волосатый человек спит, низко опустив голову.

His hands were clasped, and his sleep was restless and broken.

Руки его были сцеплены, сон беспокойный и прерывистый.

He used to wake with a start and stare fearfully into the dark.

Он просыпался вздрагивая и со страхом смотрел в темноту.

Then he'd toss more wood onto the fire to keep the flame bright.

Затем он подбрасывал в огонь еще дров, чтобы пламя оставалось ярким.

Sometimes they walked along a beach by a gray, endless sea.

Иногда они гуляли по пляжу у серого, бескрайнего моря.

The hairy man picked shellfish and ate them as he walked.

Волосатый человек собирал моллюсков и ел их на ходу.

His eyes searched always for hidden dangers in the shadows.

Его глаза всегда искали скрытые опасности в тенях.

His legs were always ready to sprint at the first sign of threat.

Его ноги всегда были готовы броситься вперед при первых признаках угрозы.

They crept through the forest, silent and wary, side by side.

Они крались по лесу, молча и осторожно, бок о бок.

Buck followed at his heels, and both of them stayed alert.

Бак следовал за ним по пятам, и оба оставались начеку.

Their ears twitched and moved, their noses sniffed the air.

Их уши дергались и двигались, носы нюхали воздух.

The man could hear and smell the forest as sharply as Buck.

Мужчина мог слышать и чувствовать запах леса так же остро, как и Бак.

The hairy man swung through the trees with sudden speed.

Волосатый человек с неожиданной скоростью промчался сквозь деревья.

He leapt from branch to branch, never missing his grip.

Он прыгал с ветки на ветку, ни разу не ослабив хватки.

He moved as fast above the ground as he did upon it.

Он двигался над землей так же быстро, как и по ней.

Buck remembered long nights beneath the trees, keeping watch.

Бак вспомнил долгие ночи, проведенные под деревьями, на страже.

The man slept roosting in the branches, clinging tight.

Мужчина спал, устроившись на ветвях и крепко прижавшись к ним.

This vision of the hairy man was tied closely to the deep call.

Это видение волосатого человека было тесно связано с глубинным зовом.

The call still sounded through the forest with haunting force.

Зов все еще звучал в лесу с пугающей силой.

The call filled Buck with longing and a restless sense of joy.

Этот зов наполнил Бака тоской и беспокойным чувством радости.

He felt strange urges and stirrings that he could not name.

Он чувствовал странные побуждения и движения, которым не мог дать названия.

Sometimes he followed the call deep into the quiet woods.

Иногда он следовал зову в глубь тихих лесов.

He searched for the calling, barking softly or sharply as he went.

Он искал зов, тихо или резко лая на ходу.

He sniffed the moss and black soil where the grasses grew.

Он понюхал мох и черную почву там, где росла трава.

He snorted with delight at the rich smells of the deep earth.

Он фыркнул от восторга, вдыхая насыщенные запахи недр земли.

He crouched for hours behind trunks covered in fungus.

Он часами сидел, пригнувшись, за стволами деревьев, покрытыми грибком.

He stayed still, listening wide-eyed to every tiny sound.

Он замер, широко раскрытыми глазами прислушиваясь к каждому тихому звуку.

He may have hoped to surprise the thing that gave the call.

Возможно, он надеялся удивить то, что вызвало крик.

He did not know why he acted this way — he simply did.

Он не знал, почему он так себя вел, — он просто так себя вел.

The urges came from deep within, beyond thought or reason.

Побуждения исходили из глубины души, за пределами мысли и разума.

Irresistible urges took hold of Buck without warning or reason.

Непреодолимые желания овладели Баком без предупреждения и причины.

At times he was dozing lazily in camp under the midday heat.

Временами он лениво дремал в лагере под полуденной жарой.

Suddenly, his head lifted and his ears shoot up alert.

Внезапно он поднял голову и насторожился.

Then he sprang up and dash into the wild without pause.

Затем он вскочил и, не останавливаясь, бросился в дикую природу.

He ran for hours through forest paths and open spaces.

Он часами бегал по лесным тропам и открытым пространствам.

He loved to follow dry creek beds and spy on birds in the trees.

Он любил ходить по высохшим руслам ручьев и наблюдать за птицами на деревьях.

He could lie hidden all day, watching partridges strut around.

Он мог целый день лежать, спрятавшись, и наблюдать, как расхаживают куропатки.

They drummed and marched, unaware of Buck's still presence.

Они барабанили и маршировали, не подозревая о присутствии Бака.

But what he loved most was running at twilight in summer.

Но больше всего он любил бегать в сумерках летом.

The dim light and sleepy forest sounds filled him with joy.

Тусклый свет и сонные звуки леса наполнили его радостью.

He read the forest signs as clearly as a man reads a book.

Он читал лесные знаки так же ясно, как человек читает книгу.

And he searched always for the strange thing that called him.

И он всегда искал нечто странное, что звало его.

That calling never stopped—it reached him waking or sleeping.

Этот зов никогда не прекращался — он доходил до него и во сне, и наяву.

One night, he woke with a start, eyes sharp and ears high.

Однажды ночью он проснулся, вздрогнув, его глаза были напряжены, а уши подняты.

His nostrils twitched as his mane stood bristling in waves.

Его ноздри дрогнули, а грива встала дыбом.

From deep in the forest came the sound again, the old call.

Из глубины леса снова донесся звук, старый зов.

This time the sound rang clearly, a long, haunting, familiar howl.

На этот раз звук раздался отчетливо — долгий, пронзительный, знакомый вой.

It was like a husky's cry, but strange and wild in tone.

Это было похоже на крик хриплой собаки, но по тону оно было странным и диким.

Buck knew the sound at once — he had heard the exact sound long ago.

Бак сразу узнал этот звук — он слышал его уже давно.

He leapt through camp and vanished swiftly into the woods.

Он проскочил через лагерь и быстро скрылся в лесу.

As he neared the sound, he slowed and moved with care.

Приблизившись к источнику звука, он замедлил шаг и двигался осторожнее.

Soon he reached a clearing between thick pine trees.

Вскоре он вышел на поляну среди густых сосен.

There, upright on its haunches, sat a tall, lean timber wolf.

Там, выпрямившись на задних лапах, сидел высокий, поджарый лесной волк.

The wolf's nose pointed skyward, still echoing the call.

Волчий нос был направлен в небо, все еще повторяя зов.

Buck had made no sound, yet the wolf stopped and listened.

Бэк не издал ни звука, но волк остановился и прислушался.

Sensing something, the wolf tensed, searching the darkness.

Почувствовав что-то, волк напрягся, всматриваясь в темноту.

Buck crept into view, body low, feet quiet on the ground.

Бак подкрался к нам, пригнувшись и бесшумно ступая по земле.

His tail was straight, his body coiled tight with tension.

Его хвост был выпрямлен, тело напряжено.

He showed both threat and a kind of rough friendship.

Он демонстрировал как угрозу, так и своего рода грубую дружбу.

It was the wary greeting shared by beasts of the wild.

Это было настороженное приветствие, характерное для диких зверей.

But the wolf turned and fled as soon as it saw Buck.

Но волк повернулся и убежал, как только увидел Бэка.

Buck gave chase, leaping wildly, eager to overtake it.

Бэк бросился в погоню, дико подпрыгивая, стремясь догнать его.

He followed the wolf into a dry creek blocked by a timber jam.

Он последовал за волком в высохший ручей, перекрытый затором из деревьев.

Cornered, the wolf spun around and stood its ground.

Загнанный в угол волк развернулся и остался стоять на месте.

The wolf snarled and snapped like a trapped husky dog in a fight.

Волк зарычал и зарычал, словно попавшая в ловушку хаски, готовая к драке.

The wolf's teeth clicked fast, its body bristling with wild fury.

Зубы волка быстро щелкали, его тело ощетинилось дикой яростью.

Buck did not attack but circled the wolf with careful friendliness.

Бэк не нападал, а кружил вокруг волка с осторожным дружелюбием.

He tried to block his escape by slow, harmless movements.

Он пытался воспрепятствовать побегу медленными, безвредными движениями.

The wolf was wary and scared—Buck outweighed him three times.

Волк был осторожен и напуган — Бак был тяжелее его в три раза.

The wolf's head barely reached up to Buck's massive shoulder.

Голова волка едва доставала до массивного плеча Бака.

Watching for a gap, the wolf bolted and the chase began again.

Выжидая появления просвета, волк рванул с места, и погоня возобновилась.

Several times Buck cornered him, and the dance repeated.

Несколько раз Бак загонял его в угол, и танец повторялся.

The wolf was thin and weak, or Buck could not have caught him.

Волк был худым и слабым, иначе Бак не смог бы его поймать.

Each time Buck drew near, the wolf spun and faced him in fear.

Каждый раз, когда Бак приближался, волк оборачивался и в страхе смотрел на него.

Then at the first chance, he dashed off into the woods once more.

Затем при первой же возможности он снова бросился в лес.

But Buck did not give up, and finally the wolf came to trust him.

Но Бак не сдавался, и в конце концов волк стал ему доверять.

He sniffed Buck's nose, and the two grew playful and alert.

Он понюхал нос Бака, и они оба стали игривыми и настороженными.

They played like wild animals, fierce yet shy in their joy.

Они играли, как дикие животные, свирепые и в то же время застенчивые в своей радости.

After a while, the wolf trotted off with calm purpose.

Через некоторое время волк спокойно и целеустремленно побежал прочь.

He clearly showed Buck that he meant to be followed.

Он ясно дал понять Бак, что намерен следовать за ним.

They ran side by side through the twilight gloom.

Они бежали бок о бок сквозь сумеречный мрак.

They followed the creek bed up into the rocky gorge.

Они прошли по руслу ручья вверх в каменистое ущелье.

They crossed a cold divide where the stream had begun.

Они пересекли холодный водораздел там, где начинался ручей.

On the far slope they found wide forest and many streams.

На дальнем склоне они обнаружили большой лес и множество ручьев.

Through this vast land, they ran for hours without stopping.

Они бежали по этой огромной земле часами, не останавливаясь.

The sun rose higher, the air grew warm, but they ran on.

Солнце поднялось выше, воздух стал теплее, но они продолжали бежать.

Buck was filled with joy—he knew he was answering his calling.

Бак был полон радости — он знал, что отвечает своему призванию.

He ran beside his forest brother, closer to the call's source.

Он побежал рядом со своим лесным братом, поближе к источнику зова.

Old feelings returned, powerful and hard to ignore.

Вернулись старые чувства, сильные и их трудно игнорировать.

These were the truths behind the memories from his dreams.

Такова была правда, стоящая за воспоминаниями из его снов.

He had done all this before in a distant and shadowy world.

Все это он уже делал раньше в далеком и темном мире.

Now he did this again, running wild with the open sky above.

Теперь он сделал это снова, дико бегая под открытым небом.

They stopped at a stream to drink from the cold flowing water.

Они остановились у ручья, чтобы напиться холодной воды.

As he drank, Buck suddenly remembered John Thornton.

Выпив, Бак вдруг вспомнил Джона Торнтона.

He sat down in silence, torn by the pull of loyalty and the calling.

Он сел в тишине, раздираемый чувством преданности и призвания.

The wolf trotted on, but came back to urge Buck forward.

Волк побежал дальше, но вернулся, чтобы подгонять Бэка вперед.

He sniffed his nose and tried to coax him with soft gestures.

Он понюхал его нос и попытался уговорить мягкими жестами.

But Buck turned around and started back the way he came.

Но Бак повернулся и пошел обратно тем же путем, которым пришел.

The wolf ran beside him for a long time, whining quietly.

Волк долго бежал рядом с ним, тихонько скуля.

Then he sat down, raised his nose, and let out a long howl.

Затем он сел, поднял нос и издал протяжный вой.

It was a mournful cry, softening as Buck walked away.

Это был скорбный крик, стихший, когда Бак ушел.

Buck listened as the sound of the cry faded slowly into the forest silence.

Бак слушал, как звук крика медленно затихает в тишине леса.

John Thornton was eating dinner when Buck burst into the camp.

Джон Торнтон ужинал, когда в лагерь ворвался Бак.

Buck leapt upon him wildly, licking, biting, and tumbling him.

Бэк яростно набросился на него, облизывая, кусая и опрокидывая его.

He knocked him over, scrambled on top, and kissed his face.

Он повалил его на землю, вскарабкался на него и поцеловал его лицо.

Thornton called this "playing the general tom-fool" with affection.

Торнтон с любовью называл это «игрой в дурака».

All the while, he cursed Buck gently and shook him back and forth.

Все это время он тихонько ругал Бака и тряс его взад-вперед.

For two whole days and nights, Buck never left the camp once.

За целых два дня и две ночи Бак ни разу не покинул лагерь.

He kept close to Thornton and never let him out of his sight.

Он держался рядом с Торнтоном и не выпускал его из виду.

He followed him as he worked and watched him while he ate.

Он следовал за ним, пока тот работал, и наблюдал за ним, пока тот ел.

He saw Thornton into his blankets at night and out each morning.

Он видел, как Торнтон заворачивался в одеяло ночью и вылезал каждое утро.

But soon the forest call returned, louder than ever before.

Но вскоре зов леса вернулся, громче, чем когда-либо прежде.

Buck grew restless again, stirred by thoughts of the wild wolf.

Бэк снова забеспокоился, разбуженный мыслями о диком волке.

He remembered the open land and running side by side.

Он вспомнил открытую местность и бег бок о бок.

He began wandering into the forest once more, alone and alert.

Он снова начал бродить по лесу, один и настороженный.

But the wild brother did not return, and the howl was not heard.

Но дикий брат не вернулся, и воя не было слышно.

Buck started sleeping outside, staying away for days at a time.

Бак начал спать на улице, иногда отсутствуя по несколько дней.

Once he crossed the high divide where the creek had begun.

Однажды он пересек высокий водораздел, где начинался ручей.

He entered the land of dark timber and wide flowing streams.

Он вошел в страну темного леса и широких ручьев.

For a week he roamed, searching for signs of the wild brother.

Целую неделю он бродил, выискивая следы дикого брата.

He killed his own meat and travelled with long, tireless strides.

Он сам убивал себе добычу и путешествовал большими, неутомимыми шагами.

He fished for salmon in a wide river that reached the sea.

Он ловил лосося в широкой реке, впадающей в море.

There, he fought and killed a black bear maddened by bugs.

Там он сразился и убил черного медведя, обезумевшего от насекомых.

The bear had been fishing and ran blindly through the trees.

Медведь ловил рыбу и слепо бежал между деревьями.

The battle was a fierce one, waking Buck's deep fighting spirit up.

Битва была жестокой и пробудила в Баке глубокий боевой дух.

Two days later, Buck returned to find wolverines at his kill.

Два дня спустя Бак вернулся и обнаружил росомах возле своей добычи.

A dozen of them quarreled over the meat in noisy fury.

Дюжина из них в шумной ярости ссорилась из-за мяса.

Buck charged and scattered them like leaves in the wind.

Бак бросился на них и разбросал их, словно листья по ветру.

Two wolves remained behind — silent, lifeless, and unmoving forever.

Остались два волка — безмолвные, безжизненные и неподвижные навсегда.

The thirst for blood grew stronger than ever.

Жажда крови стала сильнее, чем когда-либо.

Buck was a hunter, a killer, feeding off living creatures.

Бак был охотником, убийцей, питающимся живыми существами.

He survived alone, relying on his strength and sharp senses.

Он выжил в одиночку, полагаясь на свою силу и острые чувства.

He thrived in the wild, where only the toughest could live.

Он прекрасно себя чувствовал в дикой природе, где могли выжить только самые выносливые.

From this, a great pride rose up and filled Buck's whole being.

От этого огромная гордость поднялась и наполнила все существо Бэка.

His pride showed in his every step, in the ripple of every muscle.

Его гордость проявлялась в каждом шаге, в движении каждого мускула.

His pride was as clear as speech, seen in how he carried himself.

Его гордость была столь же очевидна, как и речь, и это было видно по тому, как он себя держал.

Even his thick coat looked more majestic and gleamed brighter.

Даже его густая шерсть выглядела величественнее и блестела ярче.

Buck could have been mistaken for a giant timber wolf.

Бака можно было бы принять за гигантского лесного волка.

Except for brown on his muzzle and spots above his eyes.

За исключением коричневого цвета на морде и пятен над глазами.

And the white streak of fur that ran down the middle of his chest.

И белая полоска меха, тянущаяся по центру его груди.

He was even larger than the biggest wolf of that fierce breed.

Он был даже крупнее самого крупного волка этой свирепой породы.

His father, a St. Bernard, gave him size and heavy frame.

Его отец, сенбернар, передал ему крупные размеры и крепкое телосложение.

His mother, a shepherd, shaped that bulk into wolf-like form.

Его мать, пастух, придала этому существу форму волка.

He had the long muzzle of a wolf, though heavier and broader.

У него была длинная морда волка, хотя и более тяжелая и широкая.

His head was a wolf's, but built on a massive, majestic scale.

Голова у него была волчья, но массивная и величественная.

Buck's cunning was the cunning of the wolf and of the wild.

Хитрость Бэка была хитростью волка и дикой природы.

His intelligence came from both the German Shepherd and St. Bernard.

Его интеллект унаследован от немецкой овчарки и сенбернара.

All this, plus harsh experience, made him a fearsome creature.

Все это, а также суровый опыт, сделали его грозным существом.

He was as formidable as any beast that roamed the northern wild.

Он был столь же грозен, как и любой зверь, бродивший в северных дебрях.

Living only on meat, Buck reached the full peak of his strength.

Питаясь только мясом, Бак достиг пика своей силы.

He overflowed with power and male force in every fiber of him.

Он был переполнен силой и мужской мощью в каждой клеточке своего тела.

When Thornton stroked his back, the hairs sparked with energy.

Когда Торнтон гладил его по спине, волосы вспыхивали энергией.

Each hair crackled, charged with the touch of living magnetism.

Каждый волосок потрескивал, заряженный прикосновением живого магнетизма.

His body and brain were tuned to the finest possible pitch.

Его тело и мозг были настроены на максимально возможный тон.

Every nerve, fiber, and muscle worked in perfect harmony.

Каждый нерв, волокно и мышца работали в идеальной гармонии.

To any sound or sight needing action, he responded instantly.

На любой звук или вид, требующий действия, он реагировал мгновенно.

If a husky leaped to attack, Buck could leap twice as fast.

Если хаски прыгнет, чтобы напасть, Бак сможет прыгнуть в два раза быстрее.

He reacted quicker than others could even see or hear.

Он отреагировал быстрее, чем другие могли увидеть или услышать.

Perception, decision, and action all came in one fluid moment.

Восприятие, решение и действие произошли в один плавный момент.

In truth, these acts were separate, but too fast to notice.

На самом деле эти действия были отдельными, но слишком быстрыми, чтобы их можно было заметить.

So brief were the gaps between these acts, they seemed as one.

Промежутки между этими актами были настолько короткими, что они казались одним целым.

His muscles and being was like tightly coiled springs.

Его мускулы и все его существо были подобны туго сжатым пружинам.

His body surged with life, wild and joyful in its power.

Его тело наполнилось жизнью, дикой и радостной в своей силе.

At times he felt like the force was going to burst out of him entirely.

Временами ему казалось, что сила вот-вот вырвется из него наружу.

"Never was there such a dog," Thornton said one quiet day.

«Никогда не было такой собаки», — сказал Торнтон в один тихий день.

The partners watched Buck striding proudly from the camp.

Партнеры наблюдали, как Бак гордо покидает лагерь.

"When he was made, he changed what a dog can be," said Pete.

«Когда он был создан, он изменил то, какой может быть собака», — сказал Пит.

"By Jesus! I think so myself," Hans quickly agreed.

«Клянусь Иисусом! Я и сам так думаю», — быстро согласился Ганс.

They saw him march off, but not the change that came after.

Они видели, как он ушел, но не видели перемен, которые произошли после этого.

As soon as he entered the woods, Buck transformed completely.

Как только Бак вошел в лес, он полностью преобразился.

He no longer marched, but moved like a wild ghost among trees.

Он больше не маршировал, а двигался, как дикий призрак, среди деревьев.

He became silent, cat-footed, a flicker passing through shadows.

Он стал молчаливым, кошачьим, словно промелькнувшим среди теней.

He used cover with skill, crawling on his belly like a snake.

Он умело пользовался укрытием, ползая на животе, как змея.

And like a snake, he could leap forward and strike in silence.

И подобно змее, он мог прыгнуть вперед и нанести удар бесшумно.

He could steal a ptarmigan straight from its hidden nest.

Он мог украсть куропатку прямо из ее скрытого гнезда.

He killed sleeping rabbits without a single sound.

Он убивал спящих кроликов, не издавая ни единого звука.

He could catch chipmunks midair as they fled too slowly.

Он мог ловить бурундуков в воздухе, поскольку они летели слишком медленно.

Even fish in pools could not escape his sudden strikes.

Даже рыба в пруду не могла избежать его внезапных ударов.

Not even clever beavers fixing dams were safe from him.

Даже умные бобры, строящие плотины, не были от него в безопасности.

He killed for food, not for fun—but liked his own kills best.

Он убивал ради еды, а не ради развлечения, но больше всего ему нравилось убивать своих собственных жертв.

Still, a sly humor ran through some of his silent hunts.

Тем не менее, в некоторых из его молчаливых охот присутствовал лукавый юмор.

He crept up close to squirrels, only to let them escape.

Он подкрался к белкам вплотную, но тут же позволил им убежать.

They were going to flee to the trees, chattering in fearful outrage.

Они собирались убежать к деревьям, крича от страха и ярости.

As fall came, moose began to appear in greater numbers.

С наступлением осени лоси стали появляться в больших количествах.

They moved slowly into the low valleys to meet the winter.

Они медленно двинулись в низкие долины, чтобы встретить зиму.

Buck had already brought down one young, stray calf.

Бак уже подстрелил одного молодого отбившегося от стада теленка.

But he longed to face larger, more dangerous prey.

Но ему хотелось столкнуться с более крупной и опасной добычей.

One day on the divide, at the creek's head, he found his chance.

Однажды на водоразделе, у истока ручья, ему представился шанс.

A herd of twenty moose had crossed from forested lands.

Стадо из двадцати лосей перешло дорогу из лесных угодий.

Among them was a mighty bull; the leader of the group.

Среди них был могучий бык, вожак группы.

The bull stood over six feet tall and looked fierce and wild.

Бык был ростом более шести футов и выглядел свирепым и диким.

He tossed his wide antlers, fourteen points branching outward.

Он вскинул свои широкие рога, четырнадцать отростков которых расходились наружу.

The tips of those antlers stretched seven feet across.

Кончики этих рогов достигали семи футов в поперечнике.

His small eyes burned with rage as he spotted Buck nearby.

Его маленькие глаза вспыхнули яростью, когда он заметил неподалеку Бака.

He let out a furious roar, trembling with fury and pain.

Он издал яростный рев, дрожа от ярости и боли.

An arrow-end stuck out near his flank, feathered and sharp.

Возле его бока торчал наконечник стрелы, оперенный и острый.

This wound helped explain his savage, bitter mood.

Эта рана помогла объяснить его дикое, озлобленное настроение.

Buck, guided by ancient hunting instinct, made his move.

Бэк, ведомый древним охотничьим инстинктом, сделал свой ход.

He aimed to separate the bull from the rest of the herd.

Его цель — отделить быка от остального стада.

This was no easy task—it took speed and fierce cunning.

Это была непростая задача — требовались скорость и жестокая хитрость.

He barked and danced near the bull, just out of range.

Он лаял и танцевал рядом с быком, но вне досягаемости.

The moose lunged with huge hooves and deadly antlers.

Лось бросился вперед, выставив огромные копыта и смертоносные рога.

One blow could have ended Buck's life in a heartbeat.

Один удар мог бы оборвать жизнь Бака в одно мгновение.

Unable to leave the threat behind, the bull grew mad.

Не в силах оставить угрозу позади, бык взбесился.

He charged in fury, but Buck always slipped away.

Он яростно бросался в атаку, но Бак всегда ускользал.

Buck faked weakness, luring him farther from the herd.

Бэк притворился слабым, уводя его подальше от стада.

But young bulls were going to charge back to protect the leader.

Но молодые быки собирались броситься в атаку, чтобы защитить вожака.

They forced Buck to retreat and the bull to rejoin the group.

Они заставили Бэка отступить, а быка — присоединиться к группе.

There is a patience in the wild, deep and unstoppable.

В дикой природе есть терпение, глубокое и неудержимое.

A spider waits motionless in its web for countless hours.

Паук неподвижно ждет в своей паутине бесчисленное количество часов.

A snake coils without twitching, and waits till it is time.

Змея извивается, не дергаясь, и ждет своего часа.

A panther lies in ambush, until the moment arrives.

Пантера затаилась в засаде, пока не настал подходящий момент.

This is the patience of predators who hunt to survive.

Это терпение хищников, которые охотятся, чтобы выжить.

That same patience burned inside Buck as he stayed close.

То же самое терпение горело внутри Бака, пока он оставался рядом.

He stayed near the herd, slowing its march and stirring fear.
Он держался рядом со стадом, замедляя его движение и
нагоняя страх.

He teased the young bulls and harassed the mother cows.
Он дразнил молодых быков и приставал к коровам-
матерям.

He drove the wounded bull into a deeper, helpless rage.
Он довел раненого быка до еще более глубокой,
беспомощной ярости.

For half a day, the fight dragged on with no rest at all.
Бой продолжался полдня без малейшего перерыва.

Buck attacked from every angle, fast and fierce as wind.
Бак атаковал со всех сторон, быстро и яростно, как ветер.

He kept the bull from resting or hiding with its herd.
Он не давал быку отдыхать или прятаться в стаде.

Buck wore down the moose's will faster than its body.
Бэк истощил волю лося быстрее, чем его тело.

The day passed and the sun sank low in the northwest sky.
Прошел день, и солнце опустилось низко на северо-западе
неба.

The young bulls returned more slowly to help their leader.
Молодые быки вернулись медленнее, чтобы помочь
своему вожаку.

Fall nights had returned, and darkness now lasted six hours.
Вернулись осенние ночи, и темнота теперь длилась шесть
часов.

**Winter was pressing them downhill into safer, warmer
valleys.**
Зима вынуждала их спускаться вниз, в более безопасные и
теплые долины.

But still they couldn't escape the hunter that held them back.
Но им все равно не удалось убежать от охотника, который
их удерживал.

Only one life was at stake — not the herd's, just their leader's.
На карту была поставлена только одна жизнь — не стада, а
их вожака.

That made the threat distant and not their urgent concern.

Это сделало угрозу отдаленной и не вызывающей их первоочередных беспокойств.

In time, they accepted this cost and let Buck take the old bull.

Со временем они смирились с этой ценой и позволили Бак забрать старого быка.

As twilight settled in, the old bull stood with his head down.

Когда наступили сумерки, старый бык стоял, опустив голову.

He watched the herd he had led vanish into the fading light.

Он наблюдал, как стадо, которое он вел, исчезло в угасающем свете.

There were cows he had known, calves he had once fathered.

Там были коровы, которых он знал, и телята, которых он когда-то был отцом.

There were younger bulls he had fought and ruled in past seasons.

В прошлые сезоны он сражался и правил быками помоложе.

He could not follow them—for before him crouched Buck again.

Он не мог последовать за ними, потому что перед ним снова присел Бэк.

The merciless fanged terror blocked every path he might take.

Беспощадный клыкастый ужас преградил ему все пути.

The bull weighed more than three hundredweight of dense power.

Бык весил более трехсот фунтов плотной силы.

He had lived long and fought hard in a world of struggle.

Он прожил долгую жизнь и упорно боролся в мире борьбы.

Yet now, at the end, death came from a beast far beneath him.

Но теперь, в конце концов, смерть пришла от зверя, находившегося далеко внизу.

Buck's head did not even rise to the bull's huge knuckled knees.

Голова Бэка даже не поднялась до огромных колен быка с костлявыми суставами.

From that moment on, Buck stayed with the bull night and day.

С этого момента Бак оставался с быком день и ночь.

He never gave him rest, never allowed him to graze or drink.

Он никогда не давал ему покоя, никогда не позволял ему пастись или пить.

The bull tried to eat young birch shoots and willow leaves.

Бык пытался есть молодые побеги березы и листья ивы.

But Buck drove him off, always alert and always attacking.

Но Бак отогнал его, всегда настороженный и всегда атакующий.

Even at trickling streams, Buck blocked every thirsty attempt.

Даже у тонких ручьев Бак блокировал все попытки утолить жажду.

Sometimes, in desperation, the bull fled at full speed.

Иногда, отчаявшись, бык бежал со всей скоростью.

Buck let him run, loping calmly just behind, never far away.

Бак позволил ему бежать, спокойно скакая позади, но не отставая далеко.

When the moose paused, Buck lay down, but stayed ready.

Когда лось остановился, Бак лег, но остался наготове.

If the bull tried to eat or drink, Buck struck with full fury.

Если бык пытался есть или пить, Бак наносил удар со всей яростью.

The bull's great head sagged lower under its vast antlers.

Огромная голова быка опустилась еще ниже под его огромными рогами.

His pace slowed, the trot became a heavy; a stumbling walk.

Его шаг замедлился, рысь стала тяжелой, спотыкающейся.

He often stood still with drooped ears and nose to the ground.

Он часто стоял неподвижно, опустив уши и опустив нос к
земле.

During those moments, Buck took time to drink and rest.

В такие моменты Бак находил время, чтобы попить и
отдохнуть.

Tongue out, eyes fixed, Buck sensed the land was changing.

Высунув язык и не отрывая глаз, Бак почувствовал, что
земля меняется.

He felt something new moving through the forest and sky.

Он почувствовал, как что-то новое движется по лесу и
небу.

As moose returned, so did other creatures of the wild.

С возвращением лосей вернулись и другие дикие
животные.

**The land felt alive with presence, unseen but strongly
known.**

Земля ощущалась живой и невидимой, но отчетливо
знакомой.

It was not by sound, sight, nor by scent that Buck knew this.

Бак узнал об этом не по звуку, не по виду и не по запаху.

A deeper sense told him that new forces were on the move.

Глубокое чувство подсказывало ему, что наступают новые
силы.

**Strange life stirred through the woods and along the
streams.**

В лесах и вдоль ручьев кипела странная жизнь.

**He resolved to explore this spirit, after the hunt was
complete.**

Он решил исследовать этого духа после того, как охота
будет завершена.

On the fourth day, Buck brought down the moose at last.

На четвертый день Бак наконец завалил лося.

**He stayed by the kill for a full day and night, feeding and
resting.**

Он оставался возле добычи целый день и ночь, питаясь и
отдыхая.

He ate, then slept, then ate again, until he was strong and full.

Он ел, потом спал, потом снова ел, пока не стал сильным и сытым.

When he was ready, he turned back toward camp and Thornton.

Когда он был готов, он повернул обратно к лагерю и Торнтону.

With steady pace, he began the long return journey home.

Равномерно шагая, он начал долгий обратный путь домой.

He ran in his tireless lope, hour after hour, never once straying.

Он бежал своим неутомимым шагом час за часом, ни разу не сбившись с пути.

Through unknown lands, he moved straight as a compass needle.

Через неизведанные земли он двигался прямолинейно, как стрелка компаса.

His sense of direction made man and map seem weak by comparison.

По сравнению с его чувством направления человек и карта кажутся слабыми.

As Buck ran, he felt more strongly the stir in the wild land.

По мере того, как Бак бежал, он все сильнее ощущал движение в дикой местности.

It was a new kind of life, unlike that of the calm summer months.

Это был новый образ жизни, непохожий на спокойные летние месяцы.

This feeling no longer came as a subtle or distant message.

Это чувство больше не было тонким или отдаленным посланием.

Now the birds spoke of this life, and squirrels chattered about it.

Теперь птицы говорили об этой жизни, и белки болтали о ней.

Even the breeze whispered warnings through the silent trees.

Даже ветерок нашептывал предупреждения сквозь безмолвные деревья.

Several times he stopped and sniffed the fresh morning air.

Несколько раз он останавливался и вдыхал свежий утренний воздух.

He read a message there that made him leap forward faster.

Он прочитал там сообщение, которое заставило его быстрее прыгнуть вперед.

A heavy sense of danger filled him, as if something had gone wrong.

Его охватило сильное чувство опасности, словно что-то пошло не так.

He feared calamity was coming—or had already come.

Он боялся, что надвигается беда — или уже наступила.

He crossed the last ridge and entered the valley below.

Он пересёк последний хребет и вошел в долину внизу.

He moved more slowly, alert and cautious with every step.

Он двигался медленнее, с каждым шагом становясь все более внимательным и осторожным.

Three miles out he found a fresh trail that made him stiffen.

Через три мили он обнаружил свежий след, заставивший его напрячься.

The hair along his neck rippled and bristled in alarm.

Волосы на его шее встали дыбом от беспокойства.

The trail led straight toward the camp where Thornton waited.

Тропа вела прямо к лагерю, где ждал Торнтон.

Buck moved faster now, his stride both silent and swift.

Бак теперь двигался быстрее, его шаги были одновременно тихими и быстрыми.

His nerves tightened as he read signs others were going to miss.

Его нервы напряглись, когда он увидел признаки того, что другие могли их не заметить.

Each detail in the trail told a story—except the final piece.

Каждая деталь на тропе рассказывала историю, за исключением последней.

His nose told him about the life that had passed this way.

Его нос рассказал ему о жизни, прошедшей таким образом.

The scent gave him a changing picture as he followed close behind.

Запах создавал у него меняющуюся картину, пока он шел следом.

But the forest itself had gone quiet; unnaturally still.

Но сам лес затих; стало неестественно тихо.

Birds had vanished, squirrels were hidden, silent and still.

Птицы исчезли, белки спрятались, затихли и замерли.

He saw only one gray squirrel, flat on a dead tree.

Он увидел только одну серую белку, лежащую на мертвом дереве.

The squirrel blended in, stiff and motionless like a part of the forest.

Белка слилась с окружающей средой, застыв и неподвижно, словно часть леса.

Buck moved like a shadow, silent and sure through the trees.

Бак двигался среди деревьев словно тень, бесшумно и уверенно.

His nose jerked sideways as if pulled by an unseen hand.

Его нос дернулся в сторону, словно его тянула невидимая рука.

He turned and followed the new scent deep into a thicket.

Он повернулся и пошел на новый запах в глубь зарослей.

There he found Nig, lying dead, pierced through by an arrow.

Там он нашел Нига, лежащего мертвым, пронзенным стрелой.

The shaft passed clear through his body, feathers still showing.

Стрела прошла сквозь его тело, перья все еще были видны.

Nig had dragged himself there, but died before reaching help.

Ниг дотащился туда сам, но умер, не дождавшись помощи.

A hundred yards farther on, Buck found another sled dog.

Через сотню ярдов Бак обнаружил еще одну ездовую собаку.

It was a dog that Thornton had bought back in Dawson City.

Это была собака, которую Торнтон купил в Доусон-Сити.

The dog was in a death struggle, thrashing hard on the trail.

Собака билась не на жизнь, а на смерть, изо всех сил пытаясь удержаться на тропе.

Buck passed around him, not stopping, eyes fixed ahead.

Бак обошёл его, не останавливаясь и устремив взгляд вперёд.

From the direction of the camp came a distant, rhythmic chant.

Со стороны лагеря доносилось далекое ритмичное пение.

Voices rose and fell in a strange, eerie, sing-song tone.

Голоса то усиливались, то затихали в странном, жутком, монотонном тоне.

Buck crawled forward to the edge of the clearing in silence.

Бак молча пополз к краю поляны.

There he saw Hans lying face-down, pierced with many arrows.

Там он увидел Ганса, лежащего ничком, пронзенного множеством стрел.

His body looked like a porcupine, bristling with feathered shafts.

Его тело напоминало дикобраза, ощетинившегося пернатыми стрелами.

At the same moment, Buck looked toward the ruined lodge.

В тот же момент Бак посмотрел в сторону разрушенного домика.

The sight made the hair rise stiff on his neck and shoulders.

От этого зрелища волосы на его шее и плечах встали дыбом.

A storm of wild rage swept through Buck's whole body.

Буря дикой ярости охватила все тело Бака.

He growled aloud, though he did not know that he had.

Он громко зарычал, хотя и не знал об этом.

The sound was raw, filled with terrifying, savage fury.

Звук был грубым, наполненным ужасающей, дикой яростью.

For the last time in his life, Buck lost reason to emotion.

В последний раз в жизни Бак поддался эмоциям и потерял рассудок.

It was love for John Thornton that broke his careful control.

Именно любовь к Джону Торнтону сломала его тщательный контроль.

The Yeehats were dancing around the wrecked spruce lodge.

Йихаты танцевали вокруг разрушенного елового домика.

Then came a roar—and an unknown beast charged toward them.

Затем раздался рев — и на них бросился неизвестный зверь.

It was Buck; a fury in motion; a living storm of vengeance.

Это был Бак — ярость в движении, живая буря мести.

He flung himself into their midst, mad with the need to kill.

Он бросился в их гущу, обезумев от желания убивать.

He leapt at the first man, the Yeehat chief, and struck true.

Он прыгнул на первого человека, вождя Йихата, и нанес точный удар.

His throat was ripped open, and blood spouted in a stream.

Его горло было разорвано, и кровь хлынула ручьем.

Buck did not stop, but tore the next man's throat with one leap.

Бэк не остановился, а одним прыжком разорвал горло следующему человеку.

He was unstoppable—ripping, slashing, never pausing to rest.

Его было не остановить — он разрывал, рубил, не останавливаясь для отдыха.

He darted and sprang so fast their arrows could not touch him.

Он метался и прыгал так быстро, что их стрелы не могли его коснуться.

The Yeehats were caught in their own panic and confusion.

Йихаты были охвачены собственной паникой и замешательством.

Their arrows missed Buck and struck one another instead.

Их стрелы пролетели мимо Бэка и вместо этого попали друг в друга.

One youth threw a spear at Buck and hit another man.

Один юноша метнул копье в Бэка и попал в другого мужчину.

The spear drove through his chest, the point punching out his back.

Копье вонзилось ему в грудь, а острие пробило спину.

Terror swept over the Yeehats, and they broke into full retreat.

Ужас охватил Йихатов, и они обратились в бегство.

They screamed of the Evil Spirit and fled into the forest shadows.

Они закричали о Злом Духе и убежали в лесную тень.

Truly, Buck was like a demon as he chased the Yeehats down.

Поистине, Бак был подобен демону, когда преследовал Йихатов.

He tore after them through the forest, bringing them down like deer.

Он гнался за ними по лесу, сбивая их с ног, словно оленей.

It became a day of fate and terror for the frightened Yeehats.

Для напуганных Йихатов этот день стал днем судьбы и ужаса.

They scattered across the land, fleeing far in every direction.

Они рассеялись по стране, разбегаясь во всех направлениях.

A full week passed before the last survivors met in a valley.

Прошла целая неделя, прежде чем последние выжившие встретились в долине.

Only then did they count their losses and speak of what happened.

Только тогда они подсчитали свои потери и рассказали о случившемся.

Buck, after tiring of the chase, returned to the ruined camp.

Бэк, устав от погони, вернулся в разрушенный лагерь.

He found Pete, still in his blankets, killed in the first attack.

Он нашел Пита, все еще завернутого в одеяла, убитого в первой атаке.

Signs of Thornton's last struggle were marked in the dirt nearby.

Следы последней борьбы Торнтона были обнаружены на земле неподалеку.

Buck followed every trace, sniffing each mark to a final point.

Бак следовал по каждому следу, обнюхивая каждую отметку до конечной точки.

At the edge of a deep pool, he found faithful Skeet, lying still.

На краю глубокого пруда он нашел верного Скита, лежащего неподвижно.

Skeet's head and front paws were in the water, unmoving in death.

Голова и передние лапы Скита были в воде, они были неподвижны, словно мертвые.

The pool was muddy and tainted with runoff from the sluice boxes.

Бассейн был грязным и загрязненным стоками из шлюзов.

Its cloudy surface hid what lay beneath, but Buck knew the truth.

Его облачная поверхность скрывала то, что находилось под ней, но Бак знал правду.

He tracked Thornton's scent into the pool — but the scent led nowhere else.

Он проследил путь Торнтона до бассейна, но запах никуда больше не привел.

There was no scent leading out—only the silence of deep water.

Никакого запаха, ведущего наружу, не было — только тишина глубокой воды.

All day Buck stayed near the pool, pacing the camp in grief.

Весь день Бак оставался возле пруда, расхаживая по лагерю в печали.

He wandered restlessly or sat in stillness, lost in heavy thought.

Он беспокойно бродил или сидел неподвижно, погруженный в тяжелые мысли.

He knew death; the ending of life; the vanishing of all motion.

Он знал смерть, конец жизни, исчезновение всякого движения.

He understood that John Thornton was gone, never to return.

Он понял, что Джон Торнтон ушел и больше никогда не вернется.

The loss left an empty space in him that throbbed like hunger.

Потеря оставила в нем пустоту, которая пульсировала, словно голод.

But this was a hunger food could not ease, no matter how much he ate.

Но этот голод еда не могла утолить, сколько бы он ни ел.

At times, as he looked at the dead Yeehats, the pain faded.

Иногда, когда он смотрел на мертвых Йихатов, боль утихала.

And then a strange pride rose inside him, fierce and complete.

И тут в нем поднялась странная гордость, яростная и всеобъемлющая.

He had killed man, the highest and most dangerous game of all.

Он убил человека, самую высокую и опасную дичь из всех.

He had killed in defiance of the ancient law of club and fang.

Он убил, нарушив древний закон дубинки и клыка.

Buck sniffed their lifeless bodies, curious and thoughtful.

Бак с любопытством и задумчивостью обнюхивал их безжизненные тела.

They had died so easily—much easier than a husky in a fight.

Они погибли так легко — гораздо легче, чем хаски в драке.

Without their weapons, they had no true strength or threat.

Без оружия они не имели настоящей силы или угрозы.

Buck was never going to fear them again, unless they were armed.

Бак больше никогда не будет их бояться, если только они не будут вооружены.

Only when they carried clubs, spears, or arrows he'd beware.

Он насторожился только тогда, когда они носили дубинки, копья или стрелы.

Night fell, and a full moon rose high above the tops of the trees.

Наступила ночь, и полная луна поднялась высоко над верхушками деревьев.

The moon's pale light bathed the land in a soft, ghostly glow like day.

Бледный свет луны заливал землю мягким, призрачным сиянием, словно днем.

As the night deepened, Buck still mourned by the silent pool.

Ночь сгущалась, а Бак все еще скорбел у тихого пруда.

Then he became aware of a different stirring in the forest.

Затем он почувствовал какое-то движение в лесу.

The stirring was not from the Yeehats, but from something older and deeper.

Волнение исходило не от Йихатов, а от чего-то более древнего и глубокого.

He stood up, ears lifted, nose testing the breeze with care.

Он встал, навострил уши и осторожно понюхал воздух.

From far away came a faint, sharp yelp that pierced the silence.

Откуда-то издалека раздался слабый, резкий вопль, нарушивший тишину.

Then a chorus of similar cries followed close behind the first.

Затем сразу же за первым раздался хор подобных криков.

The sound drew nearer, growing louder with each passing moment.

Звук приближался, становясь громче с каждой минутой.

Buck knew this cry—it came from that other world in his memory.

Бак знал этот крик — он пришел из другого мира в его памяти.

He walked to the center of the open space and listened closely.

Он вышел на середину открытого пространства и внимательно прислушался.

The call rang out, many-noted and more powerful than ever.

Раздался призыв, многозначительный и более мощный, чем когда-либо.

And now, more than ever before, Buck was ready to answer his calling.

И теперь, как никогда прежде, Бак был готов ответить на свой призыв.

John Thornton was dead, and no tie to man remained within him.

Джон Торнтон умер, и у него не осталось никакой связи с человеком.

Man and all human claims were gone—he was free at last.

Человек и все человеческие права исчезли — он наконец-то был свободен.

The wolf pack were chasing meat like the Yeehats once had.

Волчья стая гонялась за мясом, как когда-то Йихаты.

They had followed moose down from the timbered lands.

Они преследовали лосей с лесистых земель.

Now, wild and hungry for prey, they crossed into his valley.

Теперь, дикие и жаждущие добычи, они вошли в его долину.

Into the moonlit clearing they came, flowing like silver water.

Они вышли на залитую лунным светом поляну, струясь, словно серебряная вода.

Buck stood still in the center, motionless and waiting for them.

Бак стоял неподвижно в центре и ждал их.

His calm, large presence stunned the pack into a brief silence.

Его спокойное, внушительное присутствие ошеломило стаю и на короткое время воцарилась тишина.

Then the boldest wolf leapt straight at him without hesitation.

И тогда самый смелый волк без колебаний прыгнул прямо на него.

Buck struck fast and broke the wolf's neck in a single blow.

Бэк нанес быстрый удар и одним ударом сломал волку шею.

He stood motionless again as the dying wolf twisted behind him.

Он снова замер, а умирающий волк извивался позади него.

Three more wolves attacked quickly, one after the other.

Еще три волка быстро напали, один за другим.

Each retreated bleeding, their throats or shoulders slashed.

Каждый отступал, истекая кровью, с перерезанными горлами и плечами.

That was enough to trigger the whole pack into a wild charge.

Этого было достаточно, чтобы спровоцировать дикую атаку всей стаи.

They rushed in together, too eager and crowded to strike well.

Они бросились все вместе, слишком рьяные и тесные, чтобы нанести хороший удар.

Buck's speed and skill allowed him to stay ahead of the attack.

Скорость и мастерство Бака позволили ему опередить атаку.

He spun on his hind legs, snapping and striking in all directions.

Он крутанулся на задних лапах, щелкая зубами и нанося удары во все стороны.

To the wolves, this seemed like his defense never opened or faltered.

Волкам показалось, что его защита так и не раскрылась и не дрогнула.

He turned and slashed so quickly they could not get behind him.

Он повернулся и нанес удар так быстро, что они не успели зайти ему за спину.

Nonetheless, their numbers forced him to give ground and fall back.

Тем не менее, их численность вынудила его отступить.

He moved past the pool and down into the rocky creek bed.

Он прошел мимо бассейна и спустился в каменистое русло ручья.

There he came up against a steep bank of gravel and dirt.

Там он наткнулся на крутой берег из гравия и грязи.

He edged into a corner cut during the miners' old digging.

Он втиснулся в угол, образовавшийся во время старых шахтерских работ.

Now, protected on three sides, Buck faced only the front wolf.

Теперь, защищенный с трех сторон, Бак столкнулся только с передним волком.

There, he stood at bay, ready for the next wave of assault.

Там он замер, готовый к следующей волне нападения.

Buck held his ground so fiercely that the wolves drew back.

Бак так яростно оборонялся, что волки отступили.

After half an hour, they were worn out and visibly defeated.

Через полчаса они были измотаны и явно побеждены.

Their tongues hung out, their white fangs gleamed in moonlight.

Их языки высунулись, белые клыки блестели в лунном свете.

Some wolves lay down, heads raised, ears pricked toward Buck.

Некоторые волки легли, подняв головы и навострив уши в сторону Бэка.

Others stood still, alert and watching his every move.

Другие стояли неподвижно, настороженно следя за каждым его движением.

A few wandered to the pool and lapped up cold water.

Несколько человек подошли к бассейну и напились холодной воды.

Then one long, lean gray wolf crept forward in a gentle way.

Затем один длинный, поджарый серый волк осторожно подкрался вперед.

Buck recognized him—it was the wild brother from before.

Бак узнал его — это был тот самый дикий брат, которого он видел раньше.

The gray wolf whined softly, and Buck replied with a whine.

Серый волк тихонько заскулил, и Бак ответил ему скулением.

They touched noses, quietly and without threat or fear.

Они соприкоснулись носами, тихо, без угрозы или страха.

Next came an older wolf, gaunt and scarred from many battles.

Затем появился старый волк, изможденный и покрытый шрамами от множества сражений.

Buck started to snarl, but paused and sniffed the old wolf's nose.

Бэк начал рычать, но остановился и понюхал нос старого волка.

The old one sat down, raised his nose, and howled at the moon.

Старый сел, поднял нос и завыл на луну.

The rest of the pack sat down and joined in the long howl.

Остальная часть стаи села и присоединилась к продолжительному вою.

And now the call came to Buck, unmistakable and strong.

И вот теперь Бак дали зов, несомненный и сильный.

He sat down, lifted his head, and howled with the others.

Он сел, поднял голову и завыл вместе с остальными.

When the howling ended, Buck stepped out of his rocky shelter.

Когда вой прекратился, Бак вышел из своего каменного убежища.

The pack closed in around him, sniffing both kindly and warily.

Стая сомкнулась вокруг него, обнюхивая его одновременно и дружелюбно, и настороженно.

Then the leaders gave the yelp and dashed off into the forest.

Затем лидеры взвизгнули и бросились в лес.

The other wolves followed, yelping in chorus, wild and fast in the night.

Остальные волки последовали за ними, визжа хором, дикие и быстрые в ночи.

Buck ran with them, beside his wild brother, howling as he ran.

Бэк бежал вместе с ними, рядом со своим диким братом, воя на бегу.

Here, the story of Buck does well to come to its end.

На этом история Бака, пожалуй, подходит к концу.

In the years that followed, the Yeehats noticed strange wolves.

В последующие годы Йихаты заметили странных волков.

Some had brown on their heads and muzzles, white on the chest.

У некоторых голова и морда были коричневого цвета, а грудь — белая.

But even more, they feared a ghostly figure among the wolves.

Но еще больше они боялись призрачной фигуры среди волков.

They spoke in whispers of the Ghost Dog, leader of the pack.

Они шепотом говорили о Псе-Призраке, вожаке стаи.

This Ghost Dog had more cunning than the boldest Yeehat hunter.

Этот Призрачный Пёс был хитрее самого смелого охотника на Йихатов.

The ghost dog stole from camps in deep winter and tore their traps apart.

Призрачная собака воровала из лагерей глубокой зимой и разрывала капканы.

The ghost dog killed their dogs and escaped their arrows without a trace.

Призрачная собака убила их собак и бесследно избежала их стрел.

Even their bravest warriors feared to face this wild spirit.

Даже самые храбрые воины боялись столкнуться с этим диким духом.

No, the tale grows darker still, as the years pass in the wild.

Нет, история становится еще мрачнее по мере того, как проходят годы в дикой природе.

Some hunters vanish and never return to their distant camps.

Некоторые охотники исчезают и больше не возвращаются в свои далекие лагеря.

Others are found with their throats torn open, slain in the snow.

Других находят убитыми в снегу с разорванными горлами.

Around their bodies are tracks—larger than any wolf could make.

Вокруг их тел видны следы — более длинные, чем мог бы оставить волк.

Each autumn, Yeehats follow the trail of the moose.

Каждую осень Йихаты идут по следу лося.

But they avoid one valley with fear carved deep into their hearts.

Но они избегают одной долины, поскольку страх глубоко укоренился в их сердцах.

They say the valley is chosen by the Evil Spirit for his home.

Говорят, что эту долину выбрал для своего жилища Злой Дух.

And when the tale is told, some women weep beside the fire.

И когда эта история рассказана, некоторые женщины плачут у огня.

But in summer, one visitor comes to that quiet, sacred valley.

Но летом в эту тихую священную долину приезжает один посетитель.

The Yeehats do not know of him, nor could they understand.

Йихаты не знают о нем и не могут понять.

The wolf is a great one, coated in glory, like no other of his kind.

Волк — великий, окутанный славой, не похожий ни на одного другого из его вида.

He alone crosses from green timber and enters the forest glade.

Он один выходит из зеленого леса и выходит на лесную поляну.

There, golden dust from moose-hide sacks seeps into the soil.

Там золотая пыль из мешков из лосиной шкуры просачивается в почву.

Grass and old leaves have hidden the yellow from the sun.

Трава и старые листья скрыли желтый цвет от солнца.

Here, the wolf stands in silence, thinking and remembering.

Здесь волк стоит молча, размышляя и вспоминая.

He howls once—long and mournful—before he turns to go.

Он воет один раз — долго и скорбно — прежде чем повернуться и уйти.

Yet he is not always alone in the land of cold and snow.

Однако он не всегда одинок в стране холода и снега.

When long winter nights descend on the lower valleys.

Когда на нижние долины опускаются длинные зимние ночи.

When the wolves follow game through moonlight and frost.

Когда волки преследуют дичь сквозь лунный свет и мороз.

Then he runs at the head of the pack, leaping high and wild.

Затем он бежит во главе стаи, высоко и дико прыгая.

His shape towers over the others, his throat alive with song.

Его фигура возвышается над остальными, его горло наполнено песней.

It is the song of the younger world, the voice of the pack.

Это песня молодого мира, голос стаи.

He sings as he runs—strong, free, and forever wild.

Он поет на бегу — сильный, свободный и вечно дикий.

www.ingramcontent.com/pod-product-compliance
Lightning Source LLC
Chambersburg, PA
CBHW011731020426
42333CB00024B/2841